자연
에서

배우
다

자연
에서
배우
다

최미애 지음

Learn from Nature

바른북스

추천사

우리는 곧 자연이다. 살면서 이 진리를 잊기 쉽다.

흔히 인간이 자연과 대척점에 있는 것처럼 생각한다. 그리고 자연을 도구적으로 이용하려 한다.

이 책은 인간이 자연에서 살아가는 존재라는 자각에서 출발한다.

저자는 자연에서 삶에 대한 이치를 깨닫고 교육의 본질을 궁구한다. 그 사유의 결과를 진정성 있는 에세이로 혹은 시로 표현하였다.

그 모습이 자연을 닮아 있다.

독자들이 이 책을 통해 인간과 자연 그리고 교육에 대해 저자와 함께 사유할 수 있기를 기대한다.

춘천교육대학교
교육대학원장 구봉진

들어가는 글

　이제 제자들이 부모가 되어 자녀교육에 관심을 두는 나이가 되었으며, 저도 교사교육이나 부모교육에 필요한 도서, 성장한 자녀에게 잔소리가 아닌 영양제로 전하고 싶은 마음을 대신해 줄 도서가 있으면 좋겠다는 생각이 들었습니다.

　또한 평생교육에 관심이 많아 평소 어른들이 수필처럼 부담 없이 재미있게 읽을 수 있는 교육도서를 늘 기다려 왔습니다만 코로나19로 비대면 생활에 적응하고 활동의 제약을 받게 되면서 제가 직접 글을 쓰기로 생각을 바꿨습니다.

　이렇게 마음먹기까지는 가족과 지인들의 격려와 함께, 온전히 저를 드러낼 용기가 필요했습니다.

　덕분에 바라던 대로 수필 같은 교육도서《식물에게 배우다》《놀이로 배우다》를 완성하게 되었고 이어서《자연에서 배우다》를 집필하려고 합니다.

위키 백과에 따르면 자연은 산, 강, 바다, 호수 등 생명력을 가지고 스스로 생성 발전하는 것을 말합니다.

옥스퍼드 언어사전을 간단히 정리하면 자연은 우주 또는 세상에 스스로 존재하거나 저절로 이루어지는 모든 사물이나 현상 등으로 표기되어 있으나 이렇게 단순하게 자연의 개념을 정리하기는 무리인 듯합니다.

이렇듯 자연은 너무나 웅대하고 광범위해서 얕은 지식의 제가 과연 오묘하고 신비스런 자연의 이치와 섭리를 얼마나 담아낼 수 있을까에 대한 의구심마저 듭니다.

한편으론 식물은 제게 마음의 치유를 통해 자존감을 찾게 해주었지만 자연에서는 뜻밖의 어떤 선물을 받게 될지 가늠할 수 없으므로 몹시 흥분되고 기대됩니다.

한 가지 분명한 것은 자연은 너무나 방대해서 자연을 닮으려고 노력하고 자연에서 배우기 위해 습관적으로 크고 넓게 생각하다 보면 제 마음도 자연스럽게 저절로 쭉쭉 늘어나 마음이 유연해지고 마음 씀씀이도 좀 더 커지고 넓어질 거라는 기대감입니다.

자연을 마주하면 할수록 자연의 섭리가 얼마나 위대하게 느껴지고 우리 인간이 얼마나 보잘것없는 자연의 한 부분인지를 알게 되었습니다.

자연의 정의에 '사람을 제외 한'이 들어 있었지만 제 경험에 의하면 이처럼 사람이 자연의 일부로 생각하고 받아들여질 때 한없이 겸손해지고 자연을 잘 빌려 쓰다 자연으로 돌아가야겠다는 생각까지 하게 됩니다.

　교육세계에서 잔뼈가 굵은 저로서는 코로나19로 인하여 전 세계가 비대면 교육이 강조되고 있고, 인공지능 로봇의 상용화 단계에 들어선 이 시점에서 더욱더 강조되어야 할 미래교육의 한 부분이 바로 자연 중심 교육이라는 것을 직감하게 되었습니다.

　지금 저는 스스로 존재하거나 저절로 이루어지는 모든 사물의 이치에 대해서 배우고자 하기 때문에 계획을 세울 수도 없고, 그저 부지런하게 막연히 기다리면서 글감이 될 만한 주제를 찾는 수밖에 도리가 없다고 생각됩니다.

　구체적인 계획 없이 어떠한 형식이나 틀에 얽매이지 않고 자연의 있는 그대로를 자연스럽게 마음 가는 대로 맘껏 받아들여 볼 생각이므로 저도 자연에서 어떤 점들을 배우게 되고 글이 어떤 내용으로 전개가 될지 모를 일이고 예측할 수 없으므로, 어쩌면 갈팡질팡하다가 포기하게 될지도 모르겠기에 마음을 다잡고 있는 중입니다.

　《자연에서 배우다》를 통해 구름이 모여 비를 뿌려줌으로써 대지의 식물이 쑥쑥 자라듯이 돌돌 말린 뾰족한 새싹들이 잎을 쫙쫙 펼치듯이, 시냇물이 모여 가장 낮은 곳으로 흘러 흘러가 큰 바다를 이루듯이 우리 생각도 우리 마음도 쑥쑥 자라 커지고 넓어지고 깊어질 수 있길 기도하면서 자연에서 배우고 또 배우면서 글을 쓰겠습니다.

2019년 2월 18일
이학박사 최미애

차례

추천사
들어가는 글

나오는 글

한 소녀

푸른 언덕을 뛰어다니는 《알프스 소녀 하이디》를 좋아하고 땅거미 질 무렵이면 왠지 모를 그리움에 마음이 알싸해지는 한 소녀가 있었답니다.

꽃술 담그실 어머니를 위해 아카시아 인동초 꽃향기 따라 산과 들 뛰어다니고 뜨거운 여름날 의상대 일출의 감동에 새벽길 남몰래 후끈 달아오른 꿈을 키우곤 했지요.

메뚜기 잡으러 논두렁, 밭두렁, 풀밭을 누비다 은어 떼 반짝이는 도랑에 발 씻고 돌아오는 길 석양에 붉은 꿈 물들였고요.

자연에서 배우다

밤새 소나무 가지 부러지도록 수북이 쌓인 새하얀 눈 속에 묻혀 빨리 어른이 되길 기도했어요.

　자연 속에서 뒹굴고
　자연 속에서 뛰어놀고
　자연 속에서 마음 키운

　한 소녀는 반려식물과 사랑에 빠져 지금은 엄마라는 이름으로 아무리 힘들어도 절대 희망의 끈을 놓지 않아요.

삶의 가치
있는 것들

어린 시절 소나기가 억수같이 쏟아지던 어느 여름날 낙산해수욕장 기존지구 입구에서 철판을 입체적으로 제작해 페인트를 칠한 후 그 위에 큰 글씨로 낙산해수욕장이라 쓴 입간판에 찌릿찌릿 감전되던 날과 고3 겨울방학 대학 입학을 앞두고 연탄가스에 중독되어 서울 친척 집 마당 꽃밭 옆에서 눈을 떴던 날, 어렴풋이 신은 제 편임을 직감했습니다.

40대 초 대학원 세미나에 참석했을 때 비 온 뒤 인제 내린천 리프팅에서 고무보트가 뒤집혀 교수님들과 대학원생들, 리프팅 가이드까지 물속에서 허우적대며 속수무책으로 바라만 보고 있을 때, 바위와 물살에 온몸이 부딪히고 흙탕물을 마시며 수백 미터

자연에서 배우다

떠내려가던 중 큰 바위에 걸려 간신히 기어 올라왔을 때 죽음이 한순간임을 알아차림 했습니다.

50대 봄비 오는 날, 삶에서 직진만이 아닌 때론 우회하는 법을 남한산성 산책길 비포장도로 한가운데로 빗물에 의해 새로 난 물길이, 수북하게 쌓인 흙더미를 비스듬히 돌아 흐르는 것을 보며 깨달았습니다.

적당한 무관심과 약간 모자란 듯 제공되는 자양분이 자녀교육의 모범답안이라는 걸 식물을 키우며 깨우쳤습니다.

오색 고운 단풍잎이 떨어져 수분이 증발하면 갈변해 부서집니다.
눈부시게 활짝 핀 꽃잎도 떨어집니다.
가장 아름다울 때 떠나는 법을 꽃과 나무에서 배움과 동시에 추하지 않게 곱게 늙어가야겠다는 생각을 하게 됩니다.

생물을 죽일 수도 살릴 수도 있는 것이 물이며 상선약수(上善若水)와 이유극강(以柔克剛)의 참뜻을 식물에 물 주며 화분 몇 개 키우면서 배웠습니다.
반려식물의 몸짓언어로 삶의 지혜를 배울 수 있었음에 그저 감사 또 감사할 뿐입니다.

가장 낮은 곳으로 흘러 가장 큰 포용력과 생명력이 솟구치는 곳이 바다라는 걸, 그래서 사람도 자신을 낮출 줄 알아야 함을 자주 가던 의상대 해돋이가 아닌 넓은 바닷가에서 인생의 가장 힘들었던 시기에, 그 넓은 바닷가에서 오로지 혼자 맞이한 해돋이 순간이었음을 고백합니다.

　재작년 늦은 여름날 길고 긴 모래사장에서 나 홀로 붉은 해를 가슴으로 받으면서 겸손과 무한감사하며 살아야 함을 가슴 깊이 느꼈습니다.

　이렇게 **삶의 가치 있는 것들이 무엇인지를 자연과 더불어 진정으로 느끼고 배웁니다.**

자연에서 배우다

용서는
봄눈 녹듯이

　작년과 올해 경인 지방에는 유난히 눈이 많이 내렸습니다. 눈이
내리기도 많이 내리지만 한겨울임에도 불구하고 녹기도 빨리 녹
습니다.

　마치 영동 지방에 설이 지난 후 지형성 강설로 폭설이 내렸다
금방 녹아버리는 봄눈 녹는 모습과 비슷합니다. 어른들께서는 무
릎까지 쌓인 눈이 금방 녹으면 봄이 얼마 남지 않았다고 말씀하
셨습니다.

　흰 눈이 쌓였다 녹았다 반복되는 현상을 거실에서 자주 내려
다보다 보니 마음의 응어리가 스르르 녹아나는 느낌이 들었습

니다.

용서는 봄눈 녹듯 하는 것이 가장 크게 베푸는 것임을 창밖에 펑펑 쏟아져 쌓이는, 곧 녹아버릴 새하얀 눈을 바라보며 큰맘 먹고 내린 결론입니다.

이젠 봄눈 보면 용서라는 단어가 먼저 떠오를 것 같습니다.

자연에서 배우다

생각이
자라다

아무리 좋은 말이나 좋은 약, 좋은 정보도 자신이 알아차림 하지 않으면 무용지물인 것 같습니다. 각자의 그릇이 다르기 때문일 테지요.

이제 겨우 좋은 그릇을 빚기 위해 좋은 흙과 좋은 물을 찾았으니 다시 더 좋은 아량(너그럽고 깊은 마음씨)을 지니기 위해 심신과 학문을 연마해야 된다는 것을 벚꽃이 흐드러지게 핀 어느 봄날 이천 설봉공원에서 도자기 가마를 보며 다짐했습니다.

앞으로 5년 후엔 종지가 아닌 누구나 사용할 수 있는 편한 대접이 될 수 있도록 더욱더 포용력과 덕을 길러야겠다는 생각도 합니다.

아름다운 봄꽃 속에 묻혀 청아하게 울려 퍼지는 풍경 소리를 배경음으로 맑디맑은 하늘을 쳐다보며 친구들과 웃고, 질 좋은 도자기 작품도 감상하면서 호수에 비친 내 모습까지 들여다보노라니 저절로 좋은 생각이 듭니다.

이렇게 꽃과 바람, 하늘, 호수 등 자연과 벗하다 보니 좋은 생각이 자라 커지는 듯합니다. 자연 하나하나에 그들만의 세상이 있듯이 우리만의 세상, 나만의 세상 또한 소중하게 만들어가야 할 것입니다.

자연에서 배우다

바람

어서어서 성큼성큼
꽃분홍 설레는 봄이 왔으면
봄바람 살랑대는 봄이 왔으면.

어서어서 성큼성큼
한반도 구석구석 봄이 왔으면
군대 간 두 아들 대문 열고 들어섰으면.

어서어서 성큼성큼
내 마음 녹아드는 봄이 왔으면
찬바람 밀어내고 꽃바람 가득 찼으면.

어서어서 성큼성큼
분홍꽃씨 품은 꿈 풍선 제갈량 남동풍에 높이 띄워 보낼 날
왔으면 좋겠어요. 왔으면 좋겠어요.

❋
✿
❋

2020년에서 2021년 올겨울 유난히 눈이 많이 내립니다.
  첫눈 오면 만나자고 약속했던 친구보다 하루에도 서너 번 눈을
치운다는 군대 간 아들이 먼저 생각납니다.

  뉴스의 잦은 눈 소식이 예사롭지 않게 들리는 저는 자연이 우
리에게 지구를 보호하라고 보내는 경보 신호쯤으로 해석하고 있
습니다.

  이렇게 사막이 눈으로 덮이는 기상이변과 폭설과 강풍, 가뭄,
홍수 등 세계 곳곳에서 일어나는 지나치게 편향적인 자연현상들
은 지구 온난화에서 원인을 찾을 수 있다고 합니다.

  이는 자연을 파괴하는 우리 인간들에게 경고하는 지구의 메시
지 전달 방법이라 생각됩니다.
  우리 모두 당장이라도 자연보호 지구보호에 앞장서야 한다는
것을 한겨울 경인 지방의 잦은 폭설에서 배웁니다.

자연에서 배우다

꽃샘추위

꽃이 필 무렵 갑자기 추워지는 것을 꽃샘추위라 합니다.

사람들은 꽃샘추위를 꽃이 피는 것을 시샘하는 추위라고 말들 하지만, 저는 꽃샘추위를 꽃을 빨리 피우라고 식물에게 신호를 보내고 독려하는 조물주의 재촉이라 표현하고 싶습니다.

식물이 말을 못 하니 식물의 속내는 알 수 없지만 다년간 식물과 함께 지내온 바에 의하면 식물은 추위에 얼어 죽을 것 같은 위기의식을 느끼면 꽃을 피워 열매를 맺는 번식력이 왕성해지는 속성이 있는 듯합니다.

물론 열대식물이나 아열대식물 말고 우리나라처럼 사계절이 뚜렷한 온대 지방에서 자란 식물의 몸짓언어를 중심으로 제가 느긴 점을 말씀드리는 것입니다.

식물은 토양의 성분과 기후에 따라 수국처럼 꽃 색깔도 다르고, 강낭콩이나 옥수수처럼 열매의 맛도 다를 뿐만 아니라 달리아, 칸나 극락조처럼 일정 기간 추위를 견뎌야 꽃을 피울 수 있는 식물도 있습니다.

이러한 자연의 섭리가 사람이라고 예외일 수는 없을 것 같습니다.
사람도 자연의 일부분인 만큼 꽃샘추위를 이겨내고 꽃을 피우는 식물처럼 꽃샘추위보다 더 매서운 삶의 고난과 파도를 뛰어넘고 이겨내야 더욱 사람다운 사람 냄새가 나는 사람이 되지 않을까 생각해 봤습니다.

삶이 그대를 속일지라도 슬퍼하거나 노하지 말라는 알렉산드르 푸시킨의 시를 굳이 인용하지 않더라도 삶이 힘들고 외롭다는 것은 아주 가까운 길가에 자라고 있는 벚나무만 보더라도 알 수 있을 것입니다.
머지않아 벚꽃이 흐드러지게 피면 곧 세찬 비바람이 몰아쳐 꽃가지를 흔들며 꽃잎을 떨군다는 사실은 자연을 가까이 한 사람이라면 삼척동자도 알 것입니다.

이렇듯 자연은 우리에게 **코로나19와 같은 삶의 어려운 꽃샘추**

자연에서 배우다

위를 넘기면 꽃피는 시절이 오며 곧 열매를 맺게 되듯 다시 행복
해질 것이라는 희망의 메시지를 줍니다.

목련꽃

여고 시절 교정에 백목련 나무가 여러 그루 있었습니다.

해마다 목련꽃이 활짝 피는 날이면 인근 사진관에서 카메라를 빌려 오는 친구가 있어 같은 학교에 다니는 동생을 불러내 사진을 찍었습니다.

2층 교실 창가에서 내려다보는 목련꽃 순백의 아름다움과 향기는 평생 잊지 못할 만큼 제 머릿속에 각인되어 있습니다.

영부인 육영수 여사께서 목련을 유난히 좋아하신다는 사실도 목련꽃들이 흐드러지게 핀 청와대 정원을 배경으로 찍은 화보집을 여고 도서관에서 보고 알았습니다.

목련꽃을 보면 가슴이 알싸해지고 아련하니 촉촉해지는 이유

자연에서 배우다

가 육영수 여사의 저격사건 후 영결식 장면을 보며 슬퍼했던 여중생이었던 제가 죽기 직전의 제 모습을 떠올리며 막연히 잘 살아야겠다는 생각을 했던 무렵부터인 것 같습니다.

여고 시절 새벽에 등교해 도서관 커튼을 젖히고 창문을 열어 환기를 시킨 후, 학교 도서관에 새로 들여온 책을 도서대장에 기록 정리하고, 학생들에게 책을 빌려주고 받는 과정을 도서대장에 기록하는 봉사활동을 하고 있었기에 청와대에서 보내온 화보집 첫 장을 넘길 수 있었고 지문이나 구겨진 흔적이 없는 깨끗한 꽃 사진을 제일 먼저 볼 수 있었던 것입니다.

그때 본 화보집의 목련꽃이 얼마나 아름답던지 누군가에게 편지를 쓸 때면 "교정의 목련꽃이 향기를 뿜는 봄입니다."로 계절의 첫인사를 시작했던 기억이 납니다.

진학한 교육대학교 정원에도 백목련과 자목련이 여러 그루 있었기에 가끔 목련꽃 필 때면 잔디밭에 앉아 목련꽃을 감상하며 사색에 잠기곤 했습니다.

목련꽃은 꽃이 먼저 피고 잎이 나기 때문에 나무 그늘이 없어 햇살에 우아한 꽃잎만 더욱 돋보입니다.

바닥에 떨어진 목련꽃은 꽃송이가 큰 만큼 누런 갈색으로 변한 꽃잎도 눈에 잘 띠고 지저분해 보였으며, 목련 나뭇잎도 다른 잎과 비교해 매우 크기 때문에 커다란 낙엽이 검은 보랏빛을 띠고 여기저기 굴러다니는 목련 나무 아래에 앉아 기대고 싶은 생각은 전혀 없었습니다.

그저 목련꽃 핀 나무 근처 잔디밭에 앉아 적당한 거리에서 바라보기만 하고 어쩌다 커다란 목련 나뭇잎을 주워 뒷면에 부치지 못하는 편지를 썼던 추억이 있습니다.

그렇게 우아하고 화려하게 돋보이던 목련 꽃잎이 질 때면 아름다웠던 만큼 그 이면이 추하다는 생각을 매년 하게 되었습니다.

다른 꽃잎들은 바닥에 떨어져 나뒹굴어도 예쁜데 유독 목련 꽃잎만큼은 예쁘다는 생각이 들지 않고 추하게 느껴졌습니다.

꽃다운 20대, 떨어지는 목련 꽃잎을 보면서 덕분에 추하게 늙어가지 않기 위해 잘 살아야겠다는 생각을 자주 했습니다.

살면서 해마다 목련꽃을 볼 때마다 목련꽃처럼 우아하게 살다 추하지 않게 늙어가길 소망하면서 작은 장애물들을 이겨냈지만 요즘은 거울보기가 싫어질 정도로 얼굴에 자신이 없어집니다.

오늘은 꽃차 명인 친구가 손수 덖어 만들어 보내준 목련꽃 한 송이를 찻잔에 피워야겠습니다.

여고 시절 순백의 목련꽃에 반해 닮고 싶었던 추억을 소환하고, 목련꽃차의 은은한 향기를 목 넘김 하는 순간 다시 잘 살아야겠다는 순백의 용기가 온몸으로 퍼질 것입니다.

자연에서 배우다

이처럼 목련꽃에서 자신의 나이에 걸맞은 얼굴로, 자신의 삶을 책임질 수 있는 주름을 만들면서 **추하지 않게 늙어가는 것이 잘 사는 것임**을 배웠으며 실천하려고 노력 중입니다.

남한산성
빗물

친구들과 남한산성에 올랐습니다.

비 온 뒤라 바닥에 떨어진 꽃잎들이 하얀 꽃밭을 이루고 있었습니다. 예상치 못했던 자연의 선물에 우리는 단발머리 여중생이 되어 빙글빙글 주변을 돌며 꽃놀이를 즐겼습니다.

다시 간간이 내리는 비로 인해 꽃밭 위에서 우산을 쓰고 꽃비를 맞으며 꽃길을 걷다 우리는 약속이나 한 듯 우산을 내던지고 함께 웃으며 걸었습니다.

가끔 차들도 지나다니는 길이라 단단해진 언덕길을 한참 걷다 우연히 길 한가운데를 비스듬히 가로질러 흘러내리는 빗물을 발

자연에서 배우다

견했습니다.

제법 비의 양이 많은 날만 만들어지는, 동아줄 굵기에서 손바닥 한 폭만 한 실도랑이라고 할 수 있을 것 같은 일시적인 물길이었 습니다.

자세히 살펴보니 높은 곳에서 흘러내리는 빗물이 흙이 파인 골 따라 흐르다가 굵은 나뭇가지를 만나면 다시 비켜 흐릅니다.

이렇게 흐르던 빗물이 떨어진 꽃잎 무더기를 만나면 다시 비켜 흐르고, 비바람에 떨어진 나뭇잎에 가로막히게 되면 다시 새 물 길을 만들어 빠른 속도로 흘러내려 가는 것이었습니다.

이렇게 저는 삶에서 직진만이 아닌 때론 우회하는 법을 지천명 이 넘은 늦은 나이에, 봄비 오는 날 남한산성 산책길 흐르는 빗물 에서 배웠습니다.

'삶의 우회하는 법을 좀 더 빨리 알아차림 했더라면 그렇게 힘들 지는 않았을 텐데⋯⋯.' 하는 아쉬움이 조금 있지만 젊음이라는 패 기가 있었기에 가능했었다는 것을 알기에 후회는 없습니다.

가르치는 것이 천직인 줄 알고 직진만 하면서 살아왔지만 살짝 우회하여 이렇게 책을 쓰는 것도 나쁘지 않다는 생각이 들어 놀 면서 쉬면서 즐겁게 글을 씁니다.

봄

햇살이 눈부신 오늘
겨우내 눅눅해진 옷들을 거풍한다.
매서운 추위에 움츠러든 마음도
봄 햇살에 주름을 편다.

따사로운 햇살을 놓치기 싫어
무작정 걷는다.
발끝에 채여 달아나는 우울
고단한 마음도 거풍된다.

양지바른 한 켠에 빨갛게 물오른

자연에서 배우다

장미 덩굴에 시선이 머문다.
빨간 줄기에 봉긋이 앉은
초록 새싹이 반갑다.

유난히 추웠던 지난겨울 돌이켜 보면
더욱 붉고 짙은 향기를 예감한다.
6월이 오면 장밋빛 설렘으로
환하게 웃어 보련다.

❀
❁
❀

만물이 생동하는 봄이라고들 하지요.
걸어보셔요.
우울함이 발끝에 채여 달아납니다.
꼭 봄이 아니더라도 많이 걸어보셔요.
걷다가 만나는 자연에서 많은 것들을 느끼고 배울 수 있답니다.
겨울을 잘 이겨낸 꽃나무들이 짙은 향기를 뿜어내는 것처럼
삶의 파도와 삶의 고단함을 잘 이겨내야 내면이 더욱 단단해지고 사람다워진다는 것을 느낍니다.

태양

파도 잠재운 일출
후끈 달아올라
가슴에 희망으로 앉더니
얼굴로 오른 노란 햇살
멋진 주름으로 퍼지네.

먹구름 몰아낸 일출
흰 구름 불러 머리에 앉히고
붉은 노을 아기 볼에 물들이며
빨주노초파남보 웃음꽃 피워내
온 세상 웃음바다 만드네.

자연에서 배우다

꽃바람 달님께 양보한 해님
깊은 산속 은백나무 가지에 앉아
곤히 잠든 할미 손자 꿈속 오가며
곱디고운 희망노래 부르다
밤새 바다로 바다로 달려온다네.

❀
❁
❀

   이글이글 타오르는 태양을 보면서 우는 사람은 흔치 않을 것입
니다.
   저는 삶의 에너지가 필요하다 싶으면 일출을 봅니다.
   바다가 아닌 도시의 거실이나 마당, 가까운 건물 위 등 언제 어
디서든 일출은 볼 수 있습니다.

   흐린 날 바다 수평선 위가 아닌 하늘 위 구름 속에서 빠끔히 내
비치는 늦은 아침의 해돋이도 진풍경입니다.
   일출을 볼 때마다 가라앉은 기분도 좋아지고 모두 잘 될 것 같
은 믿음이 희망으로 연결되기 때문에 일출을 본 날은 많이 웃었
습니다.
   이렇게 저는 **태양을 바라보며 희망을 노래**하곤 합니다.

산밭의
당귀

어릴 적 우리 집 텃밭에는 당귀 몇 포기와 익모초도 여기저기서 있었습니다.

어머니께서 해마다 텃밭의 풀을 뽑으실 때 당귀는 약재라고 하시고 익모초는 여자에게 좋다고 하시며 쑥과 비슷한 잎 모양의 익모초 대를 세워두시곤 하셨습니다.

딸 다섯을 키우시다 보니 여자 몸에 좋다는 약초를 늘 가꾸고 계셨나 봅니다.

단오 무렵이면 조그만 꽃이 하얗게 핀 눈송이처럼 소담스런 당귀 꽃대를 볼 수 있었으나 '당귀 꽃이 피었구나!' 정도였지 그리 자세히 들여다볼 생각은 하지 못했습니다.

자연에서 배우다

그런데 오늘 오후 친구 건영이가 집 옆에 있는 산밭에 올라가 양양의 흐린 날씨와 새소리를 전해줍니다. 고향의 소식은 사소한 것일지라도 무조건 행복합니다.

한 달에 한 번 군청에서 보내주는 고향 소식지도 감사하게 받아 읽고 있습니다.

친구와 통화 중 카톡에 당귀 꽃 사진이 올라왔습니다.

고향 땅에 핀 꽃이라 더욱 반가운 마음에 사진을 손가락으로 확대해 자세히 들여다보았습니다.

다닥다닥 작은 꽃송이들이 모여 있는 당귀 꽃은 꽃잎 한 장 한 장이 하트 모양입니다.

"건영아, 당귀 꽃잎이 하트 모양이야."

대. 다. 나. 다.
"오! 역시 예리하군요."
요즘 유행하는 이모티콘과 함께 카카오톡이 올라옵니다.

"나이가 드니 사랑도 보이네. 하하."

"하하하 좋아."

그러고 보니 곳곳에 숨은 사랑이 참 많습니다.

사랑초 꽃잎도, 클로버 잎에도, 냉이 꽃 피고 진 열매도 하트 모양이고, 시클라멘 잎에도, 당아욱 멜로우 꽃잎에도, 며느리밥풀꽃이라고 불리는 금낭화의 오동통한 꽃잎에도 아름다운 하트가 보입니다.

이 나이에 당귀 꽃잎을 보며 좀 더 성숙된 사랑을 생각하게 됩니다. 당귀 꽃잎이 너무 작아 보이지 않던 하트 모양을 오늘 알아본 것처럼 누군가가 그동안 내게 작은 사랑을 수없이 보내왔었는데 받지 못하고 그만 놓쳐버린 것은 아닌지 생각해 보게 됩니다.

보이지 않는 곳곳에 사랑의 상징인 하트 모양 꽃잎이 숨어 있었으나 알아차림 하지 못한 것처럼 우리 가족이 내게 흘린 사랑을 알아차림 하지 못해서 사랑을 미처 줍지 못한 것일 수도 있겠다는 생각도 듭니다.

나이가 들어가면서 나이 듦이 처음으로 좋다는 느낌을 받은 오늘입니다.

나이가 들어 마음에 여유가 생기니 보이지 않던 것들이 눈에 들어오기 시작합니다.

이렇게 오늘은 건영이네 산밭에 핀 당귀 꽃을 보며 사랑이 좀 더 선명하게 보이기 시작했고 사랑이 가까이 다가오고 있음을 느낍니다.

자연에서 배우다

고향 친구 건영이의 산밭에 유난히 새소리만 들린다더니 우리 아파트 정원에서도 유난히 시끄럽게 새들의 합창이 들립니다.

어제가 온 세상이 양기로 충만한 단오였으니 오늘은 새들도 적극적으로 사랑을 표현하고 있는가 봅니다.

이제는 **사랑이라는 감정에 좀 더 솔직해지고 앎에 그치지 않고 표현하며 살아야겠다**는 생각을 합니다.

아파트 정원
바라보기

 벚꽃이 휘날리는 3월의 화사한 정원에 이어 파릇파릇, 노랗게
또는 연둣빛이 돌던 정원이 초록으로 바뀌면서 흐린 날 5월의 고
즈넉한 정원을 위에서 내려다보는 맛도 일품입니다.
 잎이 무성하게 자란 커다란 녹색 덩어리들이 바람에 이리저리
오가며 일렁이는 풍경 또한 장관입니다.
 세차게 쏟아지는 비에 목욕하고 난 다음 날의 정원수에서 풍기
는 상큼함은 날아드는 세금 고지서의 부담감을 잊을 수 있을 만
큼 행복을 더 해줍니다.

 굳이 문을 열지 않고 대나무 벚나무 등 정원수만 바라봐도 오
늘의 바람세기 정도를 체크할 수 있으며, 사계절의 변화도 정원

자연에서 배우다

수의 변화를 매일 아침 지켜보면서 섬세하게 느낄 수 있어서 매우 행복합니다.

가을의 알록달록 발그레한 정원수들이 옷을 벗기 시작하면 낙엽들이 어수선하게 우르르 몰려 날아다니다가, 제각각 흰옷으로 갈아입고 흰 눈 속에 푹 파묻힌 고결한 자태를 보여주기도 합니다.

이렇게 매일 아파트 정원수들을 바라보며 자연의 변화에서 느끼고 배우는 수많은 감정들을 정리하다 보니 건강도 되찾게 되었고 이제 조금만 더 노력하면 부담되었던 경제적 안정도 되찾을 수 있는 날이 머지않았다는 희망을 점점 불어나는 새싹 잎들에게서 찾습니다.

어쩌다 새벽 두세 시에 잠자리에 들 때면 거실 커튼을 활짝 열어놓고 잠을 잡니다.
새벽에 떠오르는 햇살을 조금이라도 빨리 식물 화분에 담아주고 싶은 마음에서, 혹시 늦잠을 자게 되면 동쪽 햇살을 못 받게 될까 봐 행하는 식물에 대한 작은 배려입니다.

오늘은 이른 새벽에 일어나 커튼을 열어젖혔습니다.
벌써 환한 세상으로 변해 있었으며 초록의 아름다운 정원 왼쪽 위로 동쪽 하늘에 꼭 눈썹같이 생긴 초승달이 떠 있었습니다. '사월 초파일이 얼마 남지 않았나 보다'는 생각에 잠겨 있는데 아들이 방에서 나왔습니다.

혼자 보기 아까웠는데 아들과 함께 새벽의 초승달을 바라보며 나눈 모자간의 대화에서 **부지런한 사람은 자연의 아름다움도 배로 느낄 수 있다**는 것이었습니다.

앞으로는 정원수 바라보는 재미에 새벽달 처다보는 재미까지 더해질 것을 생각하니 새벽부터 콧노래를 흥얼거리게 되었으며 이른 아침식사를 끝내고 이렇게 노트북을 열었습니다.

지금은 오히려 잔뜩 찌푸린 하늘로 인해 온 세상이 어둑어둑해 졌으므로 새벽에 파란 하늘이었던 것을 기억하는 아파트 사람들은 별로 없을 것이라는 생각이 듭니다.

하늘의 뜻을 알 수 있다는 지천명이 넘고 보니 정말 하늘의 안색을 살피고 있는 저를 발견하게 됩니다.

자연에서 더 많은 것을 배우려면 자주 하늘도 봐야겠다는 생각이 듭니다.

자연에서 배우다

자연에서
주제
파악을 하다

아들 전역 기념으로 모셔온 치자나무 화분에서 꽃이 피기 시작했습니다. 아직 창밖의 자연에선 조금 더 기다려야 꽃을 볼 수 있지만 비가 와서 보일러를 조금 틀었더니 작은 나무 여기저기 맺힌 봉오리들이 금방 반응을 보입니다.

치자 꽃은 단 한 송이만으로도 충분히 저를 매료시킬 수 있는 단아하고 고혹적인 꽃입니다.

너무나 달콤하면서도 부드러운 느낌의 짙은 향에 반했으며 제가 맡은 향기 중에 으뜸이라 치자 꽃향기를 좋아하게 되었고 치자 꽃을 사랑할 수밖에 없었습니다.

제가 좋아하는 풍란이나 보세난초 꽃향기보다 자주 피어 쉽게 맡을 수 있고 길게 즐길 수 있는 향이라서 치자 꽃을 더욱 좋아하게 되었습니다.

치자나무는 각각의 줄기가 뻗어 자란 가지마다 끝에서 꽃이 핍니다. 이렇게 핀 각각의 꽃들은 한 나무에서 자란 꽃이지만 향기의 정도가 모두 다릅니다.

태양 빛을 쬔 정도의 차이나 물을 머금은 정도의 차이 꽃이 피고 있는 속도의 차이 등 우리가 알 수 없는 다양한 환경적 요인이 있겠지만 분명한 것은 우리 사람들도 한 부모 밑에서 태어나 같은 밥을 먹고 자랐어도 현저하게 다른 개성의 소유자들이라는 것과 각각의 다른 생활문화를 만들고 서로 다른 기호로 문화 꽃을 피우며 살아가고 있다는 것입니다.

치자나무에게서, 식물에게서, 자연에서 많은 것을 배우며 살아가고 있고, 배우는 것을 유난히 좋아하는 저도 우리 육 남매 중에서 별종이라는 생각이 문득 듭니다.

이렇게 **자연에서 조금 조금씩 주제 파악을 하게 되고 '나'를 찾아가는 길**이, 유행이나 유혹에 흔들리지 않고 끊임없이 주변에서 마구 흔들어 대도 휩쓸리지 않고 줏대 있게 살아가는 것만으로도 행복하기만 합니다.

자연에서 배우다

약육강식의
식물세계

　동물의 왕국을 보면 건기와 우기가 매우 뚜렷한 사바나 기후의 척박한 땅에서 살아가고 있는 동물들의 쫓고 쫓기는 약육강식의 세계를 쉽게 볼 수 있습니다.

　어느 날 문득 살인에 동물 학대와 살생 그리고 서로 할퀴고 상처 주고받는 우리 인간의 세계도 동물의 왕국과 별반 다를 것이 없다는 생각이 들어 쓸쓸했습니다.

　인간 세상에 염증이 날 무렵 두 아들 한 해에 군대 가고 코로나 사태와 맞물려 면회나 휴가 금지 등 자연히 혼자만의 시간을 자주 갖게 되었으며 자칫 빈집증후군에 걸릴 수도 있겠다 싶어 식물에게 정을 주기 시작했습니다.

동거 식물은 반려식물이 되어 시기적절하게 몸짓언어로 참 많은 것들을 내주었습니다.

그냥 제자리에 서 있는 식물이라 그 세계는 조용하고 아름답기만 할 거라는 제 생각이 틀렸음을 아는 데는 그리 오래가지 않았습니다.

식물과 친해지려면 자라나는 식물을 온전히 들 수 있는 힘도 세져야 한다는 것과 가지치기나 꺾꽂이 등을 하려면 결단력도 필요할 뿐만 아니라 흙이나 화분을 들어 나르고 만져야 하는 노동력도 제공해야 했습니다.

작은 화분에 여인초 세 포기가 자라는데 분갈이를 해주지 않았더니 키 크고 줄기가 굵은 두 포기는 살아남고 그중 가장 작은 포기가 말라죽어 도태되는 것이었습니다.

식물이 자라서 분갈이를 해주는 일은 행복한 땀이었지만 자주 환기를 시켜주기 위해 창문을 열어 두면 어느새 계곡 풍이 불어와 짓궂게 튼튼한 극락조 잎줄기를 부러뜨리고 갔습니다.

바람에게 커다랗고 잘 생긴 극락조 잎 세 장을 빼앗기고 나니 창문 열어놓는 것조차 하늘의 기색을 살펴야 했습니다.

행여나 미니 석류꽃이 바람에 떨어질까, 극락조 잎이 바람에 부러질까, 딸기 꽃잎이 하얗게 떨어져 있는걸 보고, 미세먼지와 바람으로부터 식물을 지키려다 보니 창문을 자주 열 수가 없었습니다.

자연에서 배우다

그러던 어느 날 브룬펠시아 재스민 나뭇잎에 하얀 벌레가 날아다니기 시작합니다. 베란다 물청소를 하면서 잎을 깨끗이 씻어보지만 별로 효과가 없었습니다. 잎을 들추면 뒷면에 하얗게 다닥다닥 달라붙어 있습니다.

날아다니는 해충 온실가루이는 유독 갓 나온 어린 재스민 잎만 공략합니다. 살충제를 뿌리면 잠시 어디론가 피했다가 다시 나타나곤 하는 것을 지켜보면서 식물의 세계에도 약육강식이 존재한다는 것을 알게 되었습니다.

세찬 비바람에 남한산성 고목이 부러지거나 뿌리째 뽑히는 현상이나 창문으로 들어온 바람이 베란다 식물을 부러뜨리는 현상이나 식물들에겐 모두 같은 시련일 것입니다.

사바나 사막의 어린 새끼들을 겨냥한 굶주린 호랑이들의 사냥이나 갓 피어난 식물 잎만 주로 공격하는 해충 온실가루이가 살아가는 방법이 약육강식으로 별반 다를 것이 없다는 생각도 듭니다.

사람의 세계나 동물의 세계, 심지어는 식물의 세계마저도 약육강식이 판을 치는 모습이 참 비슷하다는 생각이 들었으며 어느 곳에서 살더라도 약육강식의 세계는 존재하겠다는 생각이 들어 씁쓸한 미소를 짓게 됩니다.

이것이 바로 자연의 세계라는 것을 조금 이해하려니 자연의 섭리를 거스르지 않고 적응하고 상황에 맞게 개선하면서 사는 수밖에 다른 도리가 없다는 생각이 들었습니다.

혼자 산속에서 살더라도 방대한 자연과 맞서기보다 자연과 더불어 자연의 일부로 순응하며 사는 것이 삶의 지혜라는 것도 생각하게 됩니다.

그렇다면 지금 우리가 살고 있는 여기에서 최선을 다해 이해하고 보듬으며 살아가야 하는 것이 우리가 선택한 삶을 책임지는 것이며 지혜로운 삶이 되는 것이므로, 자연의 일부분인 사람과 맞서기보다 사람과 더불어 순응하며 사는 것이 지혜로운 삶이라면 굳이 이혼을 해야 하는 명분이 사라지는 것이며 아웅다웅 살 필요도 없이 자연스럽고 지혜롭게 행복을 추구해야 한다는 결론입니다.

단 사람답지 못한 인간에게는 **긍정적 변화를 기대할 수 없다고 판단되면 이해할 가치가 없으므로 결단을 빨리 내려 나무를 가지치기하듯 잘라버리는 것 또한 자연스럽고 지혜로운 인간관계의 선택임**을 자연에서 배웁니다.

자연의
변화처럼

그렇게 전국을 가마솥처럼 뜨겁게 달구던 무더위의 기승이 좀처럼 꺾일 것 같지 않았었는데 9월이 되니 어김없이 살갗에 소름이 돋도록 선선한 바람이 불어옵니다.

자연에 관심을 가지면 가질수록 신기한 것 투성이입니다.

계절에 따라 시간의 흐름에 따라 자연이 변하듯 사람도 변해야 자연스러운 것입니다. 그러나 사람은 잘 변하지 않기 때문에 문제가 생기는 것이지요.

그러니 사랑도 변하는 것이 당연합니다. 자신의 마음은 자연스럽게 변하면서 언제까지 상대방의 마음이 변하지 않기만을 바랄 것인지요?

내가 변하듯 상대가 변하고 내 마음이 변하듯 상대의 마음도 변하는 것임을 인정하는 것이 좀 더 쉽게 상대를 편하게 해주는 방법임을 변화무쌍한 자연에서 배우게 됩니다.

자연이 변화하듯 내 마음이 변하듯 서로의 주변 관계가 변화하므로 상대가 변한다는 것을 인식하고 대비한다면 직장동료 관계나 부부의 결혼생활이나 자녀 관계가 지금보다는 더욱 돈독해질 것임을 저도 자연스럽게 받아들이고 있는 중입니다.

덧붙여 어김없이 정해진 시간이 지나면 또 다른 계절이 찾아오듯이 사람 대 사람이 한 약속은 계절의 변화처럼 반드시 지키는 것이 자연스럽게 사는 것임을 인지하고 실천한다면 부부관계뿐만 아니라 인간관계에서 일어나는 모든 것들이 원만하게 이루어지고 행복의 지름길임도 자연스럽게 알 수 있을 것입니다.

지인께서 《식물에게 배우다》를 어찌나 꼼꼼하게 정독하셨는지 남편 이야기는 왜 쓰지 않았느냐는 질문과 함께 근황을 물어오셨습니다.
웃으면서 《놀이로 배우다》에는 있다고 했습니다만 그 당시 마음에서 멀어진지라 자연스럽게 언급하고 싶지 않았던 마음도 있었을 것이라고 생각합니다.

부부들이 신혼처럼 알콩달콩 사는 것이 아니더라도 자연이 변화하듯 세월이 흘러가면서 생각의 변화나 행동의 변화가 있는 것이 지극히 자연스러운 현상이므로, 이와 같은 생각으로 접근하다 보니 금실이 좋거나 소 닭 보듯이 살거나 또는 아웅다웅하며 살고 있는 모든 부부가 지극히 정상적이고 자연스러운 부부관계라는 생각이 듭니다.

자연에서 천둥번개가 치고 우박과 소나기가 쏟아지듯 아웅다웅 살다 보면 비 온 뒤 하늘이 더욱 맑고 푸르듯이, 비가 온 뒤 땅이 더 단단하게 다져지듯이 부부관계도 전우애로 뭉치거나 더욱 돈독해지는 것이 자연의 이치가 아닐는지 묻고 싶습니다.

자연의 변화처럼 사람 마음의 긍정적
변화 속도도 같았으면 좋겠습니다.

마음까지
촉촉해지는 숲

　남한산성 초등학교를 지나 광주 쪽으로 내려가다 보면 소방서가 있습니다. 그곳 주차장에서 산 정상 쪽으로 조금 걷다 보면 작은 천주교회가 나옵니다.

　이 천주교회는 멀리서 성지순례를 올 정도로 숲이 잘 정돈되어 있습니다. 저는 신자는 아니지만 지인들이 오시면 빠뜨리지 않고 그 숲으로 안내를 할 정도로 제가 사랑하는 울창한 숲이 있습니다.

　수백 년 된 아름드리나무들이 우뚝 서 있고 나뭇잎들이 떨어져 흙이 되어가고 있는 말랑말랑하고 촉촉한 땅에는 음지식물과 우산이끼와 솔이끼를 비롯한 이끼류들이 빼곡하게 군락을 이루고 있어 마치 밀림 속에 들어앉은 착각이 들 정도로 온 세상이 초록

자연에서 배우다

초록한 곳입니다. 특히 우산이끼가 많아 이끼를 보는 재미도 쏠 쏠합니다.

그 숲에 들어가면 아무 생각 없이 그냥 좋기만 합니다.

건조했던 마음도 촉촉해지고 회색빛 우울한 마음도 초록 초록 빛으로 다시 피어나 어느새 싱싱해집니다.

사계절 숲 모두 행복한 곳이지만 그곳의 6월 신록을, 6월의 무 르익은 녹음을 저는 제일 좋아합니다. 숲속에서 크게 숨을 들이 마시면 숲 내음과 함께 숲과 내가 하나 되어 초록으로 물들기 때 문입니다.

무미건조하고 삭막한 세상살이에 지쳐있을 때 그곳으로 달려 가면 심신이 초록빛으로 물들며 몸도 마음도 모두 촉촉하게 젖어 들고 생각 또한 생기를 되찾게 됩니다.

성당 안에서 스테인드글라스 작품으로 들어오는 신비한 햇빛 과 우연히 만나게 되는 날은 또 어떤 마음인지 직접 경험해 보시 기 바라면서 **마음이 정화되는 이곳으로, 숲으로 여러분을 초대**합 니다.

아기
고추 같은
새싹

저와 함께 하는 식물 대부분의 새싹들은 아무리 큰 식물일지라도 끝이 뾰족하고 돌돌 말려 돋아나는 공통점을 볼 수 있었습니다.

그러나 동전이 나란히 꿰어 있는 모양과 같다 하여 금전수라고 불리는 이 식물은 특별한 첫 만남만큼이나 새싹 모양도 특별했습니다.

금전수의 새싹은 끝이 뭉툭한 것이 마치 어린 아기 고추가 연상되어 자꾸 제 눈길을 사로잡았습니다.

이쪽으로 봐도 저쪽으로 돌아가 봐도 분명 같은 모양으로 보였습니다. 새싹 껍질을 뚫고 나오는 어린잎들이 한 덩어리로 들러붙어 뭉쳐 나오는 모습도 역시 아기 고추가 생각나 실소를 자아

자연에서 배우다

냅니다.

한 겹의 껍질을 벗고 올라오는 줄기와 새싹이 압축된 덩어리에
는 어린잎 한 장 한 장 붙어 있는 모양이 선명하게 보여 마치 어
류 알 보의 실핏줄이 연상되어 보면 볼수록 신기했습니다.

이후 두 뼘 정도 폭풍 성장한 줄기 아래부터 마치 용의 비늘처
럼 일어서는 금전수 어린잎을 볼 수 있었습니다.

아직도 완전히 펼쳐지지 않은 금전수 잎을 바라보면서 왜 사람
들이 금전 운이 좋아진다고들 하는지를 느낄 수 있을 정도로 한
장 한 장 벌떡벌떡 일어나고 있는 용의 비늘 같은 좋은 기운을 맘
껏 즐깁니다.

튼튼한 다섯 대의 금전수가 밖으로 살짝 굽어 펼쳐진 사이에서
또 한대의 아기 고추 같은 새싹이 돋아나고 있으니 어떤 좋은 소
식이 올까 내심 기대도 해봅니다.

사람이나 동물, 식물까지도 **새 생명이 잉태되어 탄생하는 신비
로운 순간을 볼 수 있다는 것은 자연의 세계에서 가장 돋보이는
경이로운 순간**의 경험인 것 같습니다.

자연은
백과사전입니다

제게 있어서 자연은 살아 있는 교과서이자 백과사전이었습니다.

자연에서 뛰어놀면서 자연스럽게 체득하고 배운 것이 한두 가지가 아닙니다.

큰어머니 따라 솔밭 풀숲에 들어가면 길가에 앉은 질경이보다 연하고 길며 잎의 크기도 넓적한 식용 질경이뿐만 아니라 한곳에 수북하게 자란 야생미나리와 돌미나리를 칼로 베고 이름 모를 나물들도 채취해 밥상이 푸짐한 행복을 맛볼 수 있었습니다.

그때 솔밭에서 배운 귀동냥, 눈동냥으로 지금도 먹는 나물 몇 가지는 알고 있어 싱싱한 자연을 식탁에 올리려고 노력하며 살고 있습니다.

자연에서 배우다

솔밭에서 고무줄놀이하며 보았던 꽃과 버섯을 밤에 ○○ 세계학습대백과사전에서 컬러사진으로 다시 볼 수 있었기에 수시로 그 크고 두꺼운 13권의 학습대백과사전을 반복해서 재미있게 읽을 수 있었습니다.

그 결과 초등교사 재직 시 좀 더 넓은 세계관으로 제자들과 호흡할 수 있었음에 지금까지도 감사하고 다행이라는 생각이 듭니다.

지리적 시간적으로 자연과 가까이할 수 없을 때 세계학습대백과사전과 비슷한 종류의 책들을 교직에 계시거나 교직에 뜻을 두고 계신 분들께 필독 도서로 추천해 드립니다.

처음부터 끝까지 체계적으로 사진과 글의 뜻을 깊이 생각하며 완독하고 나면 교단에서의 자신감이 채워질 수 있습니다.

이러한 자신감은 어떤 상황에서 모르는 것을 모른다고 할 수 있는 용기가 생깁니다. 간혹 학생들은 기상천외한 질문을 하거나 시간이 많이 요구되는 질문을 하는 경우가 있기 때문입니다.

백과사전이나 책 어디쯤에 있으니 각자 찾아보고 선생님께 가르쳐 달라고 유도함으로써 학생 스스로 자기 주도 학습 및 수업 시간이 아니더라도 쉬는 시간에 발표할 수 있는 기회를 제공할 수 있으며, 선생님과 제자 사이의 소통이 좋아집니다.

자녀교육에 관심 있는 부모님들께서도 시도해 보시면 좋을 것 같습니다. 제 경험상 모른다고 해도 믿지 않는 눈치였으며 자녀

와 대화시간을 늘릴 수 있으며 때론 부모님을 존경하게 될 경우
도 예상됩니다.

어릴 적 제 눈에 비친 자연의 모든 것들을 학교나 집안 곳곳에
서 다시 만날 때 느꼈던 기쁨과 신기함이 어른이 된 지금도 고스
란히 추억으로 남아 되새김질하며 삶에 지친 마음의 찌든 때를
벗겨냅니다.

자연보호를 하러 갔었던 설악산 단풍 절경은 안방 달력에 걸려
있고 낙산해수욕장의 여름 풍경은 코○ 필름 광고 사진에 등장했
습니다.

지난달에 우리 마을 아름드리 솔밭에서 찍어 간 칼싸움하는 영
상은 드라마 연속극에서 불 수 있었습니다.

텔레비전에 애국가가 울려 퍼지면서 낙산사 의상대 일출과 푸
르른 동해 바다가 일렁이는 장면을 보면서 어제 새벽에 보았던
일출과 겹쳐 어린 마음에도 자랑스럽고 더욱 가슴이 벅차올랐었
습니다.

단 하나의 해 오름이 매일 매일 다름을 느끼면서 나의 모습도
오늘과 내일이 달라야 하지 않을까 하는 막연한 생각을 한 적이
있었습니다.

일출을 자주 본 탓일지는 모르겠으나 이상하리만치 제 어린 시
절은 주변 생활환경에 비해 초 긍정적이고 밝았으며 지금은 흉내

자연에서 배우다

낼 수 없을 정도로 부지런했습니다.

내일은 꼭 일출을 보러 가야지 다짐하면서 잠들면 아무도 깨워주지 않기에 스스로 혼자 일어나야 했으므로 자연스럽게 스스로 시간 관리를 할 수 있게 된 것 같습니다.

우리 집 옆 신작로 양쪽에 즐비하게 늘어선 미루나무는 하루가 다르게 늘씬하게 쭉쭉 뻗어 하늘을 향해 높이 솟아 있었습니다. 따스한 봄날 마루에 앉아 햇살에 반짝이는 연둣빛 어린잎들을 바라보면 그냥 기분이 좋아집니다.

마당 오른쪽엔 꽃밭이 있어 봄에 키다리 꽃(삼잎국화) 새싹이 가장 먼저 올라오면 모두 베어내 데쳐서 나물로 먹었음에도 불구하고 어른 키보다 더 높이 자라 노란 꽃을 소담스럽고 환하게 피웁니다.

옥잠화, 봉숭아, 채송화, 접시꽃, 칸나, 달리아, 샐비어, 족두리꽃, 무궁화 등이 집안 곳곳에 피어 있어 지나가던 사람들이 잠시 머물러 구경하다 가곤 했습니다.

이러한 우리 집 마루에서 바라본 풍경은 음악시간에 노랫말이 되어 저를 더욱 즐겁게 했습니다.

"포플러 이파리는 작은 손바닥, 손바닥……."

"아빠하고 나하고 만든 꽃밭에 채송화도 봉숭아도 한창입니다……."

어른이 된 저는 오늘도 피아노를 치며 큰 소리로 불러보았습니다.

"미루나무 꼭대기에 조각구름 걸려 있네…….. 달 밝은 가을밤에 기러기들이……."

이렇게 **자연에서 보고 들은 것들과 궁금한 것들이 학습대백과 사전 속에 모두 있었으므로 어린 마음에도 자연은 학습대백과사전**이라는 생각이 들었습니다.

지금 새벽 다섯 시 육 분, 마음은 당장 고향으로 달려가 일출을 맞이하고 싶지만 코로나19 2.5단계라 거리두기 동참의 의미로 참습니다.

자연에서 배우다

볏짚

 자연은 자연스럽게 조기교육을 제공해 줍니다.
 물질이 열을 받으면 팽창해 부피가 커진다는 것을 과학실이 아닌 부엌 아궁이에서 볏짚으로 불을 때며 배웠습니다.

 우리 집은 시골에서 살았지만 텃밭만 조금 가꿀 뿐 농사를 짓지 않았습니다. 연탄아궁이와 나무를 지피는 아궁이가 함께 있는 부엌 구조였습니다.
 겨울이면 가끔 커다란 가마솥에 물을 끓여 빨래나 대청소를 했었는데 나무 장작이나 솔방울 솔잎 등을 주로 땠습니다.
 그러던 어느 날 작은 외할아버지께서 우리 집에서 2년 동안 함께 사시면서 농사를 지으셨습니다.

그때 참새를 쫓으러 논에 나가기도 하고, 깡통에 눈 코 입을 그려 넣고 헌 옷과 모자를 씌워 허수아비를 만들어 세워보기도 하는 색다른 추억을 만들었습니다.

가장 잊지 못할 추억은 볏짚을 아궁이에 태우면서 경험했습니다.
쌀 알맹이 껍질을 벗기지 않은 것을 볍씨라 하고 볍씨가 발아되어 싹이 자란 것을 모라고 하며 이러한 모를 논에 심는 것을 모내기한다고 말합니다.

볏짚은 봄에 모내기를 해서 자란 벼를 가을에 추수해서 볍씨만 수확하고 남은 벼의 줄기와 잎을 말합니다.
잘 마른 볏짚을 태우면 처음부터 불이 잘 붙고 불꽃이 후루룩 일어나는 것부터 장작 땔 때보다 새로웠습니다.
불꽃이 잘 일어나는 대신에 금방 휘리릭 타버리고 검은 재가 되기 때문에 계속 볏짚을 넣어 주어야 됩니다.

타닥타닥 해송 솔가지 타는 소리보단 재미없지만 볏짚을 태울 때 가끔 운이 좋으면 쌀 튀밥을 먹을 수 있었습니다.
어쩌다 탈곡기에서 벼 이삭을 미처 훑지 못한 벼가 남아 있는 경우 불을 때면 타닥타닥 소리와 함께 볍씨가 팽창하면서 껍질을 뚫고 나와 뽀얀 속살을 드러냅니다.
쌀 알갱이보다 훨씬 큰 쌀 팝 라이스가 미처 타지 못한 볏짚 위에 튀어 올라와 앉습니다. 빨리 꺼내지 않으면 곧 새까맣게 타버

자연에서 배우다

려 흔적조차 남지 않기 때문에 뜨거움을 무릅쓰고 얼른 하얗게 부푼 쌀을 꺼내야만 했습니다.

볏짚을 태우는 날이면 혹시나 이렇게 입에 넣으면 사르르 녹는 구수하고 부드러운 쌀 튀밥을 먹을 수 있는 기대감에 부풀었습니다. 그러나 한 알도 없는 허망했던 적이 더 많았으며 쌀 튀밥은 몇 알 먹지도 못하고 콧구멍만 시커멓게 그을음이 묻은 얼굴을 거울로 보면서 웃었던 추억도 생각납니다.

제가 불을 때고 있는 눈앞에서 **작은 볍씨가 열을 받으면 팽창해서 하얗게 부풀어 올라 부피가 커지고 맛도 달라지는 현상**이 어찌나 신기하고 재미있던지 어른이 되어 영화를 볼 때면 그날의 추억을 소환하기 위해 꼭 팝콘을 사서 먹는답니다.

두 아들이 이 글을 읽는다면 아마도 팝콘 사이즈가 콤보로 바뀔 것 같습니다.

흰 눈으로
덮인
하나 된 세상

갑자기 눈이 펑펑 쏟아지더니 온 세상이 한 가지 색으로 덮였습니다.

나무도 지붕도 정원도 흰 눈이랑 하나가 되었습니다.

한 사람만 이리저리 왔다 갔다 겉돌고 있습니다.

저도 자연과 하나가 되고 싶은 마음과 눈 덮인 정원을 하나로 만들고 싶은 마음에, 두꺼운 주홍 점퍼를 입고 정원에서 놀고 있는 사람의 피사체가 찍히는 것을 막기 위해 주홍 점퍼 입은 사람을 베란다 난간 뒤에 숨기고 사진을 찍었습니다.

아파트 거실 위에서 내려다보며 찍은 눈 덮인 아름다운 정원의 풍경이 마치 흑백 사진 같아 제 마음도 자연과 하나가 된 듯 흡족합니다.

베란다 난간 철 구조물에 가려 의도한 대로 주홍색 옷 입은 사람은 보이지 않고 흑백만이 존재하는, 시간을 거꾸로 돌린 사진을 감상하면서 눈에 보이는 것이 전부가 아니라는 것을 돌이켜 생각해 냅니다.

*
❀
*

순식간에 쏟아진 눈으로 인하여 모두 하얗게 눈으로 덮인 하나가 된 정원을 내려다보며 사람들도 자연처럼 순식간에 하나가 될 수 있는 방법이 없을까 생각해 봅니다.

지금 당장 이익 따지지 말고 그냥 아무런 생각 없이 무조건 하나 되어 환경보호, 지구보호 해야 할 때라는 것을 알아야 하는데 말입니다.

폭설로 온 세상이 눈으로 덮여 하나 된 풍경에서 너와 나가 아닌 우리가 되는 방법을, 서울시와 경기도가 아닌 우리나라로 하나 되어 미세먼지 없는 질 좋은 공기를 마실 수 있는 환경복지 국가로 나아가는 방법을 모색해야 할 때임을 생각하게 됩니다.

길이 서로 연결되어 있다는 것은 삼척동자도 다 아는 사실인데 경기도 내에서만 적용되고 인근 접경지역 타 시도로 가는 교통편은 적용이 불가한 한쪽으로 기울어진 교통복지 정책은 우리라는 인식의 부족에서 오는 현상이라는 생각이 듭니다.

국민을 위한 복지 정책만큼은 우리나라 국민 모두 함께 혜택을 누릴 수 있는 하나 된 모습을 볼 수 있길 바랍니다.

흰 눈으로 덮여 하나 된 아파트 정원의 풍경 사진을 보면서 때론 우리가 하나가 되어야 될 때가 있어 우리가 하나 되어야 하는 당위성을 찾아봅니다.

실제로는 정원에 있던 주홍색 옷을 입은 사람의 피사체가 실제의 사진에는 없는 것처럼, 그래서 마치 흑백 사진처럼 보일 때 저는 여기서 눈에 보이는 것이 전부가 아니라는 삶의 지혜를 배웁니다.

서로 다른 유니폼 색으로 잠시 하나가 된 것 같지만 어떠한 목적을 벗어나면 금방 그 하나는 깨져버릴 수 있습니다. 어쩌면 유니폼을 벗는 순간 하나가 사라질 수도 있습니다.

2002년 월드컵 응원전처럼 가족, 형제자매, 부부, 친구, 사회구성원, 국민 모두 우리는 어쩌면 흰 눈 대신 깨끗한 마음으로 하나가 될 수 있을 것입니다.

물론 우리가 하나 된다는 것은 무지무지 힘들다는 결론부터 말씀드리면서 말입니다.

우리는 자연이 흰 눈으로 덮여 하나 되듯이 흰 눈 대신 사랑으

자연에서 배우다

로 덮어야 하나 된다는 것을 알면서도 실천하지 못하고 있는 것 같습니다.

흰 눈 대신 사랑으로 덮고 봄눈 녹듯 사랑으로 용서하고 배려와 이해로 덮을 수 있다면 마음은 벌써 하나가 되는 것입니다.

말이 그렇지 실제로는 가슴이 미어터지는 아픔과 뼈를 깎는 고통이 따르는, 마치 도를 닦는 심정으로 오랜 시간 버텨내야 스스로 마음의 정화를 얻게 되어 비로소 깨끗한 마음으로 용서와 이해 배려로서 하나가 될 수 있을 것입니다.

제 경우 사람에게 다친 마음을 다행히 식물에게 위로받으면서 수십 년간 버티면서 마음의 정화를 위해 애쓴 결과 감사하게도 지금은 그들을 배척하지 않고 가슴으로 품어 하나 되려고 노력 중입니다.

아직도 가끔 실망감이나 화가 스멀스멀 기어 나오긴 하지만 금방 사라져 마음의 평온을 유지할 수 있게 되었습니다.

인간은 쉽게 변하지 않는다는 걸 이제는 알기에 그리 큰 기대감 없이 제 마음을 바꾸는 것이 평정심을 찾는데 빠르다는 것을 알았기 때문입니다.

교직에서 많은 사람들과 만나면서 자연히 심리를 어느 정도 파악할 수 있게 되었으며 그 결과 어린이나 어른 구분할 것 없이 사람들은 자신이 잘못하고 있다는 것을 알면서도 상대에게 지속적으로 잘못을 저지르는 경우를 많이 보아왔습니다.

상대에게 어떠한 잘못을 저지른다는 것은 이미 상대와 자신과의 좋은 인간관계를 포기하겠다는 의사표현이 내포되어 있으므로 숨기던 잘못이 드러날 경우 자포자기해 버립니다.

이런 자포자기가 가장 큰 문제입니다.

스스로 자신을 포기해 돌아보지 않고 절망상태에 빠지는 자포자기야말로 좋은 인간관계의 적이 되는 것입니다.

숨기던 잘못이 드러날 경우 상대에게 용서를 빌고 이해를 구하기보다는 자포자기해 버리고 오히려 어긋나게 행동하는 경우를 주변 매체를 통해 종종 볼 수 있는데, 용서를 구하는 것도 용기가 필요하므로 용기 없는 못난 행동은 상황을 더 악화시키는 결과를 낳게 됩니다.

만일 실수로 잘못을 저지른 후 상황을 빨리 해결하고 싶거든 덮으려 하지 말고 최대한 빨리 잘못을 인정하고 용서를 구하는 것이 최선책임을 강조해 말씀드립니다.

일단 용서를 구하고 상대가 벌어진 상황에 대한 마음을 정리하고 이해할 수 있는 시간이 필요하므로 무조건 기다리는 것이 현명한 대처방법입니다.

진심으로 상대에게 잘못했다는 생각이 들고 상대와의 관계 개선을 하고 싶거든 감추지 말고 가능한 한 하루라도 빨리 용서를 구하면서 더 이상 죄를 짓지 말고 상대가 마음의 결정을 내릴 때까지 기다리는 것이 상대에 대한 최소한의 예우(예의를 지켜 정중히 대우하는)일 것입니다.

잘못을 감추려다 거짓말을 하게 되고 거짓이 거짓을 낳게 되어 더 이상 이해를 구하지 못할 정도로 죄가 눈덩이처럼 커져버리는 경우를 종종 볼 수 있었습니다.

경험상 폭설이 내려 처마까지 눈이 덮여도 어느새 녹아버리는 것이 자연의 이치였습니다.

눈덩이처럼 큰 잘못을 저질렀을지라도 상대가 군자나 대인이라 용서하거나, 어쩔 수 없이 용서해야만 하거나, 포기하는 심정으로 용서하거나, 다시 한번 기회를 주기 위한 희망으로 용서하거나, 상대도 잘한 것이 없어 화해하거나, 이해와 사랑으로 덮어 용서하거나 어찌했든 용서를 해야만 자신도 마음이 편하게 살 수 있을 것이므로 서로 용서하는 것이 현명한 해결방법입니다.

사람도 자연의 일부로서 삶도 자연의 이치를 따른다면 판단을 잘못한 후회는 있을지라도 서로에게 그리 큰 낭패, 즉 실패로 돌아가거나 기대에 어긋나 딱하게 되는 일은 없을 것이라는 생각이 듭니다.

이렇게 **흰 눈 덮인 하나 된 자연을 보면서 우리가 하나 되는 법을 모색**해 봅니다.

태양이
그린 명화

  어릴 적 가끔 무심코 하늘을 쳐다보면 성당에 가면 볼 수 있는 그림들을 만날 수 있었습니다.

  하늘에서 빛줄기가 쫙쫙 뻗어 내려오면 신비스런 빛줄기를 타고 당장이라도 천사가 내려올 것만 같은 그런 상상 속에서 하얀 구름을 천사로 만들기도 했습니다.

  햇빛과 구름이 어우러져 만들어 내는 예수님 머리 뒤 후광처럼 빛나는 햇살 속으로 커다란 뭉게구름 덩어리가 어디선가 나타나 사람 형상을 만들면 경외감으로 두 손을 모으고 착하게 살아야겠다는 생각을 한 적도 있습니다.

자연에서 배우다

절이나 교회를 다니지 않았어도 바닷바람이 구름을 몰고 다니는 사이로 태양이 그린 명화들을 풀밭에 앉아서 바라보고 있노라면 마음이 활짝 열리는 듯 행복했습니다.

또한 학교 아저씨께서 정성껏 가꾸어 놓으신 싱그러운 꽃밭에서 교장실 꽃꽂이 담당이라 두 주먹을 합친 크기의 붉은 달리아 꽃과 층층이 늘씬하게 피어 있는 멋진 칸나를 차마 자르지 못하고 망설이던 꽃밭 위로 햇살이 눈부시게 쏟아지던 이른 아침은 두고두고 잊을 수 없는 제 마음속의 명화로 남아 있습니다.
어림잡아 660㎡보다 넓은 꽃밭인 그곳은 가끔 꿈속에서도 볼 수 있는 행복한 추억의 장소이기도 합니다.

태양이 그린 살아 있는 자연들의 한 컷 한 컷들이 미술관을 따로 가지 않았어도 살아 있는 모네의 작품을 감상하는 듯 행복한 유년을 보낼 수 있었음에 무한대의 감사를 느낍니다.
미세먼지로 인해 집 밖으로 나가거나 들판에 앉기조차 꺼려지는 요즘의 어린이들에게 제가 느꼈던 그 감성을 고스란히 전해줄 수 없어 매우 안타깝습니다.

자연 속에서 햇빛에 반짝이는 태양이 그린 생명이 살아 있는 명화를 감상할 수 있었던 어린 시절의 행복했던 추억들을 소환하는 오늘 밤은 그 시절이 너무 그리운 나머지 잠이 오지 않아 홈쇼핑으로 클로드 모네의 작품 〈꽃이 있는 농장 정원〉을 주문했습니다.

요즘처럼 모네가 부러운 적은 처음입니다. 만일 모네가 제 고향에 살았다면 더 멋진 작품을 남겼을 것이라는 아쉬움마저 드는 밤입니다.

우기
지지기

　우기란 전사(시제 절사)를 지낼 때 떡을 고이고 그 위에 덮는 장식 떡을 말하는 순수한 우리말입니다. 제가 갖고 있는 새 국어 대사전을 찾아봐도 우기의 뜻을 찾을 수 없기에 어감이 일본말인 것 같아 어머니께 여쭈었더니 우리말이라고 하셨습니다.

　기록하는 것만으로도 의미를 부여할 수 있겠다 싶어 자세히 쓰는 중입니다.

　가을이면 집안 문중 어른들께서 문중 산에 모이셔서 전사를 지내셨습니다.

　앞산인 포월리에 있는 산부터 감동골에 있는 산까지 산등성이 오솔길을 따라 걸어 다니면서 전사를 지내고 떡국과 맛있는 음식을 나누어 드시면서 반포(남은 음식을 어른과 어린이 구분 없이 한몫으로 똑같이 나누어 주는 일)까지 하고 나면 오후 4시가 넘어야 끝나는 중요한 문중 행사였습니다.

5학년 때부터 저는 어머니를 도와 우기 지지는 일을 거들었습니다.

어머니께서 새하얀 찹쌀가루에 뜨거운 물을 부어 익반죽을 해서 주시면 저는 일정한 양을 뜯어서 손바닥으로 동글동글하게 만든 후 납작하게 눌러 잘 달구어진 프라이팬에 기름을 조금 두르고 올려놓았습니다.

찹쌀 반죽을 손바닥과 뒤집개로 호떡처럼 납작하게 누른 후 그 위에 맨드라미 꽃, 미나리 잎, 검은 석이버섯 채, 대추 채, 검은깨 등을 올려놓고 보기 좋게 장식을 했습니다.

아래 반죽이 다 익으면 찹쌀가루라서 위로 살짝 부풀어 오릅니다. 이때 뒤집어서 장식한 윗부분을 태우지 않고 앞뒤가 깨끗하고 하얗게 익히는 기술이 가장 중요합니다.

물론 가장자리는 찢어지지 않고 동그랗게 만들어야 하며 두께도 일정하게 만들어야 했으므로 익반죽, 불 조절과 기름의 양도 매우 중요했으며 뒤집개로 누르는 시기도 잘 포착해야 실패하지 않았습니다.

잘 익은 우기 떡은 찹쌀이라 들러붙기 때문에 두껍고 깨끗한

자연에서 배우다

감나무 잎 한 장 한 장에 얹어 대나무 채반에 담아서 식힙니다.

채반에 담긴 우기 떡 한 장 한 장이 어찌나 예쁘던지 마치 완성된 하나의 작품을 보는 듯 뿌듯함을 느끼기 위해 힘든 줄도 모르고 정성을 다해서 재미있게 우기를 기름에 지졌습니다.

우기 지지는 일이 끝나면 미리 만들어 놓은 찰떡과 절편을 큰 접시보다 길게 일정한 길이로 잘라서 위로 30~40cm 정도의 높이로 고인 후 그 위에 마지막으로 우기를 포개서 올려 장식으로 덮으면 크고 높이 쌓은 화려한 떡 두 접시가 멋지게 완성되었습니다.

이렇게 만든 갖가지 음식들은 다음날 전사에서 멋진 상차림으로 볼 수 있어서 흐뭇했으며 문중 어르신들이 맛있게 드시고 어른, 아이 할 것 없이 푸짐하게 각각의 몫으로 나누어 싸 가시는 모습을 볼 때 더욱 뿌듯했습니다.

우기를 지질 때 얹는 갖가지 재료들은 해마다 그때그때의 상황에 따라 달라졌으므로 나중에는 가을이 되면 미리 우기 위에 무엇을 얹으면 좋을까를 저 스스로 궁리해 본 적도 있었습니다.

저는 우기를 지질 때 한 번도 노동이라는 생각을 해본 적이 없었습니다. 어머니께서 제사 음식에는 특별한 정성이 들어가야 한다고 항상 말씀하셨기에 정성을 다해 우기를 만들어 짖었습니다.

우기를 예쁘게 완성하려면 맨드라미꽃을 얼마나 올려야 분홍

빛이 예쁘게 번져 물들까? 미나리 잎은 어디에 놓는 것이 좋을까? 마른 대추채와 석이버섯의 위치는?

검은깨는 어디에 얼마만큼 뿌려야 깔끔하게 나올까? 등 궁리하면서 정성껏 만들다 보면 나중에 완성된 우기들은 일정한 무늬의 규칙성을 발견할 수 있는 재미도 있었습니다.

이렇게 장황하게 설명한 이유는 제가 우기를 지지면서 배운 가장 중요한 것이 있기 때문입니다.

우기는 뒤집어서 기름에 지지면 기대했던 예쁜 색이나 무늬 모양이 나오지 않을 수도 있고, 조금 늦게 뒤집으면 누렇게 색이 변하기 쉬우므로 어떤 일을 시작할 때 결과를 미리 예상해 보는 습관이 생겼다는 것입니다.

한편 노릇노릇하게 맛있게 구워진 조금 지저분한 우기는 찰떡과 가래떡을 높이 괴어 그 위에 깔끔하고 품위 있게 덮는 본연의 아름다운 제 역할을 다 할 수 없게 되므로 꿀을 듬뿍 찍어 먹으면 엄청 맛있는 추억도 주었기에 언제 어디서든 실패도 두려워하지 않고 웃음으로 승화시킬 수 있는 좋은 계기가 되었던 것 같습니다.

이렇게 정성껏 우기를 지지던 소녀는 매사 정성껏 최선을 다해 살아가는 습관이 형성되어 오늘도 윤택한 삶을 위해 정성껏 식물을 매만지고 햇빛을 들이기 위해 새벽 커튼을 열어젖히며 웃습니다.

자연에서 배우다

스파트필름
꽃에서

'좋은 일이 있으려나!'

스파트필름 꽃봉오리가 빠끔히 고개를…….

다섯 송이가 함께 향기를 뿜다 시들기에 내년쯤 다시 볼 수 있을 것이란 생각을 했는데 다시 새하얀 꽃대가 녹색 잎들 속에서 살포시 고개를 내밉니다.

스파트필름은 공기 정화식물로 너무도 잘 알려져 있고 주변에서 흔히 볼 수 있는, 시들다가도 물만 주면 다시 살아나는 생명력이 강한 식물이기에, 제 주변 친구들도 대부분 알고 있으니 누구나 알 수 있는 매우 흔한 식물로 생각하고 있었습니다.

그러나 누군가에겐 너무나 쉬운 내용이 누군가에게는 아주 생소하게 느껴지는 경우가 있다는 것을 잠시 잊고 있었습니다.

내가 잘 안다고 해서 모든 사람들이 다 알고 있는 상식이 될 수 없다는 것, 누군가는 모를 수도 있기 때문에 더 자세히 설명하고 더 쉽게 써내려가야 한다는 것을 스파트필름 꽃을 SNS(소셜 네트워크 서비스)에 올린 후 댓글을 보고 알게 되었습니다.

이처럼 너무나 단순한 사실을 우리는 자주 잊고 사는 경우가 많습니다.

스파트필름을 처음 본다는 댓글에서 모를 수도 있겠다는 생각과 함께 당연히 알 거라고 생각했던 오류를 범한 머쓱함에 좀 더 자세히 표현하고 좀 더 친절하게 설명하는 것이 글을 쓰는 사람 또는 가르치는 사람의 배우는 사람에 대한 도리라는 것을 상기시키는 순간입니다.

빛이 너무
밝으면

빛이 너무 밝으면 자잘한 것들은 잘 보이지 않습니다.

이틀째 비가 오고 있어 집 안팎으로 어두운 요즘 몬스테라 잎 끝에 맺힌 이슬방울이나 마루 얼룩은 오히려 더 잘 보입니다.

오늘 오후엔 식탁에서 아들과 아주 심도 있는 대화를 나누었습니다.

점심식사를 간단하게 빵과 두유로 끝내고 아들은 식탁 위의 전등을 끄면서 자기 방으로 들어가는 중이었습니다.

식탁 위의 컵을 치우고 뒤를 돌아본 순간 조금 전 깨끗하기만 했던 식탁 위가 빵 부스러기와 물방울, 물컵 자국, 얼룩 등과 함께 너저분하게 보였습니다.

이때다 싶어 아들을 불러 방금 전 식탁 위의 크리스털 전등에 빛나 깨끗하게 보였던 식탁과 불을 끈 후의 너저분한 식탁을 비교하면서 빛이 지나치게 밝으면 오히려 잘 보이지 않는 것들이 있다는 것을 상기시켰습니다.

아들도 맞장구를 치면서 빛이 너무 밝으면 오히려 책 내용이 머릿속에 잘 들어오지 않아 스탠드 밝기 단계에서 적절한 빛을 찾아 쓰고 있다고 했습니다.

저도 연극배우들은 이러한 현상을 더 잘 알고 있을 거라고 말했습니다.

그 화려하게 빛나던 조명이 꺼지고 난 뒤의 무대 위의 너저분한 현실을 자주 접했을 것이라는 말을 이어가고 있을 무렵 엄마는 이러한 현상을 어떤 식으로 자연과 연결해서 풀어쓸 것인지에 대해서 물었습니다.

저는 창밖을 가리키며 저 나무도 눈 부신 햇살에 빛날 때는 빛으로 덮여 커다란 덩어리 하나로 보이지만 이렇게 햇살이 들어간 비 오는 날이나 흐린 날에는 말라버린 잎, 벌레 먹은 잎, 새싹 돋는 모습, 한 가지에 난 형형색색의 서로 다른 나뭇잎 빛깔이 더욱 더 선명하게 보이고, 심지어는 눈에 보이지 않는 나뭇가지에 앉은 작은 새 한 마리조차도 생각하게 되는 것 같다고 답했습니다.

역시 엄마는 통찰력이 좋은 것 같다는 아들의 칭찬에 힘입어 용기를 내어 이렇게 오늘도 키보드를 열심히 두드리고 있습니다.

자연에서 배우다

새싹은
천하장사

여러분들께서는 식물의 새싹이 땅을 뚫고 나오는 순간을 목격하신 적이 있습니까?

시골 출신이면 자연스러운 경험일 수 있으나 관심 밖의 일이라면 무심코 지나치기 쉬운 일이라 생각됩니다.

옥수수 씨앗이나 강낭콩 씨앗, 감자를 밭에 심으면 싹이 땅속에서 흙을 들어 올리면서 나오게 되는데 이때 들어 올린 흙덩어리는 식물 씨앗의 수십 배 크기가 되는 경우도 있습니다.

어릴 적부터 등하굣길에 무수히 보아왔던 천하장사 새싹들의 힘자랑을 매번 감탄하면서 어떤 날은 쭈그리고 앉아서 본 적도 있었습니다.

'그래, 나도 힘내자! 이 새싹들처럼!'

새벽밥 해 먹고 가장 먼저 등교해서 수업에 집중하고 무거운 가방을 들고 옛 철길 따라 5Km 하굣길을 걸어오면서 어느 날 갑자기 양말 공장으로 돈 벌러 갔다던 친구들과 같은 상황을 만들지 않기 위해 힘들다는 말을 입 밖에 낸 적이 한 번도 없었습니다.

그렇게 천하장사 새싹처럼 저도 삶의 천하장사가 되어 힘든 줄 모르고, 맞벌이 부부로 두 아들 뒷바라지하면서도 박사과정이나 포스트닥터 과정을 그저 공부할 수 있다는 감사함으로 더욱 힘든 줄 모르고 신나게 끝낼 수 있었습니다.

오늘은 베란다 산세베리아 새싹이 흙덩어리를 들고 천하장사가 되어 만세를 부르고 있는 모습을 보면서 대견하고 고맙다는 생각이 들었습니다.
새싹이 머리에 이고 있는 흙덩어리를 손으로 살짝 들어내 주고 싶었지만 참았습니다.

며칠 후에도 여전히 새싹이 살짝 비켜난 흙덩어리를 들고 있었습니다. 물을 떠서 부으면서 흙덩어리를 평평하게 만들어 주었습니다.
새삼스럽게 '이젠 나도 흙덩어리를 내려놔도 되겠다.'는 생각을 했습니다.
흙덩어리가 물에 스러지듯 이렇게 삶의 무게를 내려놓고 보니 마음이 한결 날아가듯이 가볍습니다.

자연에서 배우다

자연의
순리

　자연에 파묻혀 식물 곁에 안주하는 사람들의 속사정들은 가지 각색일 것입니다.

　저만해도 너무도 이기적인 사람들에게 염증을 느껴 그들을 멀리하면서 식물에게 정을 주다 보니 운 좋게도 식물들의 몸짓언어들을 알아차림 할 수 있게 되었고 자연이 들려주는 몸짓언어들이 끝이 없다는 것을 알게 되었습니다.

　우리가 대학에서 교수법을 가르칠 때 학생들에게 교육 내용을 단계적으로 제공하듯 자연은 우리들에게 사소한 일상의 삶의 지혜부터 시작해 단계적으로 심오한 자연의 법칙까지 깨닫게 해줌으로써 삶의 철학까지 바뀌게 되는 경험을 제공해 줍니다.

감사하게도 이러한 운 좋은 자연 체험을 하고 나니 온갖 근심 걱정이 사라지고 소소한 일상이 소중하게 느껴지게 되었습니다.

13년간 초등교사 재직 시 업무로 기계체조, 리듬체조를 지도하다 보니 미리 사고방지를 위한 철저한 계획을 세우고 학급 아동들이나 선수들의 안전교육에 만전을 기울여야 했으므로 늘 노심초사할 수밖에 없었습니다. 일어나지도 않은 일을 미리 걱정하는 우려가 습관화되었는지 학교 밖에서까지 누가 시키지도 않은 주변의 온갖 걱정 근심을 짊어지고 살아가는 바보짓을 해왔습니다.

그런데 식물을 키우면서 자연의 자연스런 질서를 느끼고 난 뒤부터는 이러한 미리 일어나지도 않은 일을 걱정하고 피하려는 노력을 하지 않게 되었고, 미리 대비책을 강구하거나 아니면 대처 능력이 적극적으로 빨라지게 되었으며 때로는 오히려 전화위복의 긍정적인 기대감에 설레기까지 했습니다.

이렇게 화분 하나만 길러보아도 자연의 순리와 질서 있는 모습을 한눈에 볼 수 있었으며 이래서 '자연의 보이지 않는 힘이 위대하다는 것이구나.'를 피부로 느낄 수 있었습니다.
그러니 산속에서 자연과 더불어 살아가시는 분들은 저보다 훨씬 많은 자연의 질서를 몸소 체험하시고 순리를 체득하시면서 자연의 위대한 질서에 순응하며 살아가고 계실 것입니다.

자연에서 배우다

저는 스포츠를 매우 좋아하며 다른 사람의 경기를 보는 것보다 제가 직접 체험하고 스포츠를 즐기면서 땀이 흐를 때까지 움직이기를 좋아하는 자유로운 영혼의 소유자입니다.

그러니 원예종사자가 아닌 차분하게 난을 기르는 취미를 가진 사람을 보면 강직하고 고상한 어른이시라는 선입견이 있었습니다. 그런데 요즘 식물에 푹 빠져 살다 보니 선입견이 확 사라졌으며, 누군가 내 모습을 겉으로 볼 때 식물만 좋아하는 고집 센 꼰대로 보이지 않을까 하는 생각이 들어 웃음이 납니다.

꼰대는 누구나 싫어하지만 자신이 꼰대 짓을 하는지 모르는 경우가 대부분일 것입니다. 그러나 분명한 것은 우리 사회를 건강하게 할 꼰대가 필요하다는 것입니다.

이런 생각을 하고 있는 저도 지금 꼰대 같은 생각을 하고 있음이 분명합니다.

갑자기 꼰대 이야기가 나온 것은 오랜만에 포닥 지도교수님께 《놀이로 배우다》 추천사를 받기 위해 전화 드렸더니 세월이 흘러 지금은 꼰대 역할을 하고 있는 것 같다는 말씀을 하셨습니다.

제 기억 속의 교수님은 좋은 논문이 있으면 제자들에게 토론시키고 배움과 연구 기회를 부여하고자 힘쓰시는, 대한민국 체육교육계 패러다임을 이끌고 발전시킬만한 학식이 풍부하시고 존경할 수 있는 젊은 교수님이셨기에 그동안 세월이 많이 흘렀다는 생각이 들었습니다.

저는 주저 없이 선 지식인으로서의 꼰대는 우리 사회에 꼭 필요하다는 평소 제 주관대로 아주 짧은 위로 말씀을 드렸습니다.

처음엔 의견이 다를지라도 서울대 학생들이라면 교수님의 깊은 뜻이나 속내를 금방 알아차림 할 수 있다고 판단했기 때문입니다.

우리가 20대에 어른들과 생각이 많이 달라 고민했듯이, 어른이 된 우리들을 바라보는 20대들의 시선이 곱지 않을 것임은 뻔한 일이라고 생각합니다.

그러나 지금의 20대 또한 30~40년 뒤에는 지금의 우리처럼 꼰대가 되리라는 것이 자연의 이치이자 순리요, 사람이 사는 이치라는 것을 빨리 알아야 할 것입니다.

어른들의 꼰대 짓은 세월이라는 많은 시간을 투자한 경험의 수치가 쌓여 있는 결과물이자 영양제임을 이해한다면, 꼰대들의 생각을 염두해 두고 반영해 어떠한 일을 추진한다면 목표보다 더욱 좋은 결과를 성취하게 될 것입니다.

이왕 꼰대가 될 바엔 자연의 일부로서 자연의 질서에 부합하고 자연의 이치를 알아차림 하는 꼰대, 순리대로 자연의 이치를 거스르지 않는 자연스럽고 지혜로운 꼰대가 되어야겠다는 생각을 하게 됩니다.

자연에서 배우다

너무나
큰
그림

제 꿈은 훗날 어릴 적 뛰어놀던 아름다운 고향인 우리 마을을 옛 모습 그대로 복원하는 일입니다.

바닷물이 커다란 갯목인 한갯목(우리는 한계목 또는 한개목이라 부름)으로 연결되어 있었고 그 물이 지금은 주차장이 되어버린 양어장을 지나 조산초등학교 근처까지 연결된 습지가 낙산사 가는 쪽으로 연결되어 개울물이 흐르던 곳까지 갖가지 습생식물과 평지식물들이 멋진 풍경을 만들어 내던 생태환경을 복원시켜 고향의 아름다운 자연의 옛 영화를 다시 찾아주는 것입니다.

지금은 콘도가 들어선 곳도 자연 그대로의 습지대로 복원시킨

다면 푸른 동해 바다와 어우러진 커다란 습지대와 석호, 그리고 아름드리 솔숲과 방풍림들이 더해져 빼어난 경관을 자랑하게 될 것입니다.

민물과 바닷물이 만나서 이루어진 습지대와 호수이기에 그곳에는 갖가지 수중식물과 조개 어류 등이 서식하고 부들 갈대 창포 억새 등 수많은 수생식물들이 지금보다 더 아름다운 경관을 만들어 낼 것이고 수많은 철새들의 보금자리가 되어줄 것입니다.

산, 들, 바다, 강, 호수, 습지가 하늘과 어우러져 어린 마음에도 너무나 아름다웠던 풍경이 자랑스러웠으며 지금은 꿈속에서나 볼 수 있는 과거가 되어버려 매우 안타깝습니다.

제 머릿속에 있는 마을의 옛 모습 그대로 복원하는 꿈은 너무나 큰 그림이기에 지금으로선 한낮의 꿈에 지나지 않겠지만 언젠가는 꼭 복원되리라는 원대한 꿈을 제일 먼저 기록으로 남깁니다.

때론 식물이
사람보다 낫다

브룬펠시어 재스민은 부담 없는 세상 편한 반려식물입니다.
꽃과 향도 매혹적이지만 평소 풍성한 잎도 한겨울까지 부드러운
녹색의 싱그러움을 발산하는 1년 내내 사랑스런 식물입니다.

이른 봄 뿌리내리려고 거실 꽃병 물에 꽂아둔 외가지에서 보라
색 꽃 세 송이를 피워 향기로 위로해 주더니, 대형 화분에서는 두
말할 것도 없이 온 힘을 다해 흐드러지게 꽃이 만발한 베란다 봄
정원을 화사하게 만들어 주었습니다.
꽃을 좋아하는 저에게 사력을 다해 재스민 꽃향기로 외로운 마
음을 어루만져 주다가 코로나19로 인해 조기 전역해 돌아온 아들
에게도 길고 긴 날들을 함박 웃어주기까지 합니다.

이렇게 우리 모자에게 올봄 내내 재스민 향기를 듬뿍 선물해 놓고 기운이 빠졌는지 그만 진드기에게 시달리고 있기에 약을 듬뿍 쳐줘도 효과 없이 계속 시름시름 곤혹을 치르고 있었습니다.

하는 수 없이 재스민 잎 앞면과 뒷면 모두 골고루 약을 쳐주고 다음 날은 한 잎 한 잎 샤워를 해준 다음 물기가 마르면 또 분무기로 약을 쳐주었습니다.

브룬펠시어 재스민 잎도 꽃만큼이나 그 어느 식물의 잎보다 달콤하고 향기로운가 봅니다.

베란다 어디로 달아났던 진드기가 다음날이면 또 재스민 잎에만 유독 붙어 있었고 저는 재스민 잎에 약을 희석시켜 뿌리고 샤워하기를 반복하면서 정성껏 돌보았습니다.

실내에서 식물을 가꾸기 시작하면서부터 지금까지 이렇게 진드기약을 뿌린 경우는 난생처음 있는 일이라 저도 심각했습니다.

드디어 작은 약병이 비어서야 진드기 퇴치가 성공했고 제 관심은 다시 열두 장의 커다란 잎을 다섯 장 일곱 장으로 나누어 줄기 단면을 잘라 분갈이를 한 몬스테라에게 온통 집중되었습니다.

6월 하지가 내일모레인 오늘 베란다에서 다시 네 송이의 재스민 꽃이 피기 시작했습니다. 봄에 꽃이 피면 1년 후에나 볼 수 있었던 재스민 꽃이었기에 어안이 벙벙하면서도 너무너무 행복하고 반갑습니다.

자연에서 배우다

일시적인 현상인지 앞으로 계속 꽃이 필지는 더 두고 봐야 알 겠지만 보답이라도 하듯 저를 기쁘게 해주고 싶은 재스민 마음으 로 느껴집니다.

올봄 베란다 화분들을 토분으로 모두 교체하고 잎들도 가지를 자르고 정리하면서 햇살의 기호에 따라 식물의 위치 변경을 해주 었지만 브룬펠시어 재스민은 진드기와 맞서 싸우고 난 뒤라 더 이 상 스트레스받지 않고 제자리에 머물러 있도록 배려해 준 보답을 하는 것만 같아 사람보다 낫다는 생각을 하게 되었습니다.

감사할 줄 모르고 당연한 듯이 받고 믿음과 신뢰에 허를 찌르 는 사람들도 많은데 식물은 이렇듯 온몸으로 이벤트를 열어주고 아낌없이 주려는 마음이 느껴지므로 때론 식물이 사람보다 낫다 는 생각도 하게 됩니다.

시간이 흘러 11월 지금까지 꽃을 볼 수 없었으므로 **재스민이 향기로 보답하는 일시적인 현상**이었음을 후기로 남기면서 마음 이 훈훈해집니다.

여기서 **배려에 대한 보답이라는 인간관계의 작은 소통방법의 시사점**을 찾고 배웁니다.

다시
피어나는
사랑

무척이나 그리운 아버지께!

봄날 그렇게 흐드러지게 피었던 재스민 꽃들이 오늘 아침 베란다에서 다시 피고 있습니다.

재스민 꽃이 다시 피어나듯이 사람도 다시 피어날 수 있다면 얼마나 좋을까요?

시대를 잘못 타고 태어나셔서 큰 뜻 한번 펼칠 새도 없이 자신의 능력발휘 한 번 제대로 하지 못하시고 너무 일찍 떠나신 아버지가 요즘은 많이 그립습니다.

요즘 같은 세상에 태어나셨으면 그 누구보다도 돋보이는 수려한

자연에서 배우다

용모와 학식으로 수많은 사람들에게 행복을 주셨을 분이신데…….

일제 강점기에 태어나셔서 1950년대 6.25 전쟁 당시 꿈 많고 패기 넘치는 대학 시절을 뒤로하고 폭격에 집이 불타 피난 간 땅굴 속에서 숨어 살아야 했던 피 끓는 젊은 세월부터 시작해 전쟁 통에 총알이 스쳐 지나간 상처를 안고 한평생 억울하게 사시다가 돌아가시기 전까지.

그런 아버지의 삶을 바라보며 안타까워했던 우리 가족의 아픔과 상처들, 억울하고 억울한 아버지의 삶은 누구에게서 보상받아야 한을 풀어 드릴지 몰라 화가 나고 많이 안타깝습니다.

큰 뜻 한번 제대로 펼쳐보지 못하신 채 허무하게 가신 하늘나라에서는 꿈속에 나타나 보여주신 대로라면 꽃분홍 바지저고리에 옥색 두루마기 휘날리시며 환하게 웃으며 살고 계신듯하여 조금은 위로가 됩니다.

사랑하는 아버지!
30년 전 아버지 상여 나가시던 날 아침, 아버지께 어머니 병환 모두 갖고 가시라고 처음이자 마지막으로 간곡하게 말씀드린 제 부탁 선뜻 들어주셔서 정말 감사합니다.

아버지, 가끔 제 꿈속에 나타나 웃어주셔서 너무너무 감사합니다. 그리고 어리광 한번 제대로 부리지 못하는 제게 언제나 웃어주신 아버지처럼 환하게 웃어드리지 못해 정말 죄송합니다. 후회해도 소용없지만 많이 반성하고 있습니다.

어느덧 이제는 아버지 삶을 어느 정도 이해할 수 있는 나이가 되었으며 한 번도 말하지 못했던 말, "그 누구보다도 아버지를 사랑합니다."라는 말씀 꼭 드리고 싶었습니다.

오늘은 꽃이 다시 피어나듯이 아버지를 다시 뵐 수 있었으면 참 좋겠다는 어처구니없는 생각을 하게 되며, 아버지가 자꾸 생각나 엄마와 장시간 통화하면서 6.25 전쟁 당시의 숨 가쁘게 돌아가던 상황과 죽음의 문턱을 드나들던 순간들을 전해 들으면서 좀 더 아버지를 이해할 수 있었으며 아버지랑 함께했던 시간을 떠올렸습니다.

아버지와 함께 걷던 마포시장 골목길, 아버지랑 남산케이블카를 처음 탔던 날, 교육대학 입학 당시 문고리가 허술해 지인이 알아봐 주신 자취방이 싫다고 했더니 기숙사에 넣어주시고, 함께 맛있게 구워 먹었던 춘천 숯불 닭갈비의 추억들이 주마등처럼 스쳐 지나가면서 더욱더 오늘은 아버지가 많이 그립습니다.

지금 생각해 보니 행복했던 순간들이 많았었는데 그때는 그게 행복인 줄 모르고 즐길 줄 몰랐던 바보였음을 깨달았기에 이렇게 더욱더 마음이 아픕니다.

오늘 피어났으니 6월 하순에나 절정을 이룰 꽃망울을 보면서 조

자연에서 배우다

금 늦은 감이 있지만 아버지께 사죄하는 마음으로 접었던 몇 가지 꿈들도 다시 꽃피워 볼 생각입니다.

살아생전에 항상 이 못난 딸 자랑스러워 해주시고 묵묵히 지켜 봐 주셨던 아버지께 진심으로 감사드리며, 이제라도 아버지의 자랑스러운 딸이 될 수 있도록 다시 한번 힘을 내 달리겠습니다.

제 인생의 가장 화려한 봄날이 지금부터라는 것을 알려주는 재스민 꽃의 탄생에서 영감을 받아 오늘이라도 당장 힘껏 달려 몸의 군살부터 제거해야겠습니다.

아버지처럼 멋지게 옷맵시 되찾고 배운 것을 사회에 환원할 수 있도록 노력하며 제 꿈이 활짝 피어나면 당당한 모습으로 아버지의 자랑스러운 딸이 되어 달려가겠습니다.

그때까지 지금처럼 어머니 건강 잘 챙겨주시고 우리 여섯 남매 화목하고 우애 있는 가정 꾸릴 수 있도록 보살펴 주시기 바랍니다.

아버지의 삶을 좀 더 일찍 이해하지 못해서 죄송하고 늦게 철이 들어 죄송합니다.

많이 늦었지만 지금이라도 이렇게 아버지께 사랑을 고백할 수 있어서 행복합니다.

2021년 6월 19일
아버지를 사랑하는 다섯째 딸 미애 올림

식물과 공존하다 보니 식물의 몸짓언어를 이해하는 과정에서 자존감이 생겼으며, 식물의 몸짓언어에서 메타 인지를 배우게 되고 미움 그리움 이해 용서하는 과정을 경험하게 되었습니다.

사람의 생명은 다시 되살릴 수 없지만 잊혀져 가는 올바른 정신이나 마음과 전통은 다시 복원시켜 새 생명을 불어넣을 수 있겠다는 생각도 듭니다.

이렇게 해마다 다시 피어나는 꽃을 보면서 다시 피어나는 부모님을 향한 사랑을 배웁니다.

행복에
대하여

'행복' 한때는 무척 거창한 것인 줄만 알았습니다.

그리고 저와는 거리가 매우 먼 사치스런 단어로 느껴지기까지 했습니다.

그런데 요즘은 매일이 행복합니다.

다시 희망이라는 낱말을 가슴에 담았기 때문입니다.

코로나19로 두문불출하고 신종바이러스 출현으로 암울한 이때에 뭐가 그리 행복할 일이 있겠는가마는 그래도 마음은 그 어느 때보다 행복합니다.

그렇게 좋아하던 쏟아지는 새하얀 눈을 보면서도, 장마에 지뢰가 떠내려왔다는 뉴스를 보면서도 지뢰병과 포수 직책의 현역 육군 두 명을 둔 덕분에 노심초사할 수밖에 없었던 순간들도 이미 과거가 되었습니다.

코로나19도 백신 접종이 한창이며 신종 바이러스 또한 백신이 곧 개발되겠지 하는 기대심리가 있으니 시간이 해결해 주리라 믿습니다.

실내 생활로 인해 허리가 두루뭉술하게 살이 뒤룩뒤룩 쪘으나 요즘처럼 운동으로 빼면 될 것이고…….

나이 들어 후회되는 일들은 지금이라도 하나하나 하면 될 테고 자식이나 남편에게 진정한 의미의 자유를 마음속으로 부여하고 나니 웃음으로 식탁을 꽃피울 수 있게 되고 통장을 아낌없이 비우고 나니 또 다른 희망이라는 행복이 성큼 다가와 머물러 있고, 절망과 화를 밀어냈더니 웃음으로 채워졌습니다.

마음의 욕심을 모두 비우니
행복으로 다시 채워짐을 요즘 느낍니다.
무엇보다도 마음에 걸림이 없고 욕심이 없으니 행복합니다.

자연에서 배우다

네잎클로버와
웃음 싹

아파트 정원을 돌고 돌며 계속 걸었습니다. 이제는 저만의 산책 코스가 있습니다.

현관 앞 보도블록 위에 옹기종기 수북하게 클로버들이, 행복들이 모여 있습니다. 세잎클로버는 행복이라는 의미를 갖고 있습니다.

이렇게 지천으로 널려 있는 클로버를 보면서 새벽부터 행복이라는 단어를 떠올리니 운동 길은 행복길이 되는 셈입니다.

운동 겸 새벽 산책길은 오로지 저만을 위한 행복길이 되었으며 행복을 노래하는 길이 되었습니다.

토끼풀처럼 행복은 모여야 빛나 보입니다.

토끼풀들이 군락을 이루며 자라듯이 행복은 뭉쳐 있어야 더욱 행복하게 보이는 것 같습니다.

다른 한편으로 식물과 벗한다는 말은 식물과 함께 논다는 의미도 내포되어 있습니다.

식물을 그냥 물만 주고 바라만 보는 것이 아니라 식물을 배려하고 식물을 이해하며 식물과 함께 즐기며 생각하면서 논다는 뜻이 담겨 있는 것입니다.

식물과 놀면서 몬스테라에게서 이상한 광경을 목격합니다.

열두 장의 잎을 줄기를 잘라 두 개의 화분에 나누어 심어주고 난 뒤, 다섯 장이 한 식구가 된 뒤 벌어지는 잎 포개짐 현상을 보니 서로 배려하는 모습에 흐뭇해집니다.

커다란 잎 두 장이 점점 조금씩 움직이더니 두 겹으로 완전히 포개어졌습니다. 왜 이런 현상이 일어나는지 몰랐다면 걱정하면서 앞에 있는 잎을 덜렁 들어 뒤로 오도록 만들었겠지만 그냥 내버려 두었습니다.

아니나 다를까 생각했던 대로 포개져 있던 두 장의 잎이 서로 스치듯 비켜서 점점 벌어지고 있습니다.

새 식구를 맞이하려는 배려임을 잘 알기에 그들의 움직임을 이젠 지켜보면서 새로 태어날 아기 잎을 만날 날을 기다리고 있습니다.

반려식물과 함께하면서 친구가 되었고 이젠 이 친구들과 놀면서

자연에서 배우다

새잎 돋는 행복한 기다림을 즐길 마음의 준비도 끝냈습니다.

벗이 먼 곳에서 왔으니 얼마나 기쁘겠는가? 그렇습니다. 배려 속에서 새싹 친구가 또 왔으니 매우 기쁘고 행복합니다.

매번 새싹이 돋을 때의 좋은 기운이
제 맘속에서도 웃음 싹을 틔우곤 합니다.

식물과
집콕 놀이

　자신의 집에서 자신만의 세계를 갖은 사람보다 행복한 사람은 없다는 괴테의 명언을 오늘 아침 우연히 TV 자막으로 읽었습니다.

'그래, 정말 그렇구나!'
'그래서 요즘 내 행복지수가 높아지는 느낌을 받았구나!'

　코로나 변종까지 확산되어 집에 콕 박혀 놀 수밖에 없는 요즘 놀이로 식물 기르기를 적극 추천합니다.

　식물에게 배우고 놀이로 배웠으며 요즘은 자연에서 배우면서 이제야 평소 느꼈던 배움에 대한 갈증이 해소되는 느낌입니다.

자연에서 배우다

자연에서 하나둘 찾아 배워가면서 자아를 완전히 찾은 느낌이며 이제는 마음의 안정감과 함께 고갈되었던 열정이 다시 채워졌으며 무엇이든지 다시 잘할 수 있겠다는 자신감도 충만해졌습니다.

정서적 안락함과 포근함이 한꺼번에 몰려온 듯 같은 장소이지만 거실의 공기가 달리 느껴지고 주변에서 들려오는 온갖 소음들조차 정겹게 느껴집니다.

보편적인 것이, 보통의 것이 특별한 것임을 느낌으로 알고부터 행복지수가 더 높아졌다는 것을 인식하고 있습니다.

7월의
정원

제가 만난 7월의 정원을 한마디로 표현하면 성숙입니다.

녹음은 무르익어 푸르름을 더하고 뜨거운 여름 햇살도 거뜬히 막아주는 성숙한 잎사귀들이 만들어 주는 나무그늘은 절정을 이루고 있습니다.

층층이 가지가 뻗어 자라난 넓적한 나뭇잎들이 때론 소나기도 잠시 피할 수 있는 은신처가 되어주기도 합니다.

우아한 자태를 뽐내던 보랏빛 비비추 꽃들이 시드는가 싶더니 며칠 사이 꽃송이만큼이나 긴 열매가 맺혀 뜨거운 햇살을 받으며 익어가고 있습니다.

고향이 생각나는 주홍빛 참나리 꽃 사이사이로 꽃이 지고 난

자연에서 배우다

자리에 맺힌 초록 꼬투리가 간간이 보입니다.

 늦봄부터 높은 아파트담장을 기어오르며 붉게 피어 있던 능소
화(금동화)도 하룻밤만 자고 일어나면 바닥에 꽃송이들이 수북하
게 쌓여 바닥이 온통 붉은 꽃밭이 되어 있습니다.
 7월의 능소화는 주로 아파트담장 윗부분으로 기어 올라간 새로
나온 줄기에서 돋아난 잎들 사이로 맨 꼭대기 부분에서 붉게 피
어 있다는 것도 8년 만에 알게 된 사실로 다음 주나 8월에도 역
시 담장 꼭대기를 장식하고 있으리란 것을 이젠 예상할 수 있습
니다.

 그 작은 풀꽃 노랑 괭이밥 꽃이 지고 난 자리에도 열매가 맺혀
있고 매일 새벽 만났지만 언제 피었는지 생각도 나지 않는 질경
이 꽃에도 열매가 맺혀 있습니다.
 냉이도 제법 자라 곁가지를 뻗으며 열매가 맺혀 있습니다.
 꽃밭의 풀들도 무성하게 자라나 연산홍 나무 사이사이 초록이
가득합니다. 물론 초록 꼬투리 열매와 함께 성장하면서 말입니다.

 아파트 정원 계곡에는 새끼고양이 세 마리가 바위 위에서 기지
개를 켜고 있습니다.
 2주째 새벽 산책을 하면서 보지 못했던 녀석들을 오늘 새벽에
만났습니다. 처음에는 살짝 경계를 하며 달아나더니 곧 다시 돌
아와 저를 가만히 바라보다가 자기 자리로 돌아가 잠을 청했습

니다.

가끔 한두 마리만 보이더니 어느새 세 식구가 늘어 가족을 이룬 좀 더 성숙한 어른 고양이가 된 것이 대견하기만 합니다.

텃새인 참새들도 알이 부화했는지 요즘은 매우 작은 새끼 참새들이 유난히 많습니다. 일찍 일어난 새끼 참새들이 풀밭에서 무엇인가 열심히 쪼고 있는 부산한 모습도 어찌나 앙증맞고 귀여운지 산책길의 재미있는 볼거리 중의 하나입니다.

밤 정원에는 개구리들의 합창에 밤잠을 설친다는 민원이 들어올 정도로 수컷의 암컷을 향한 짝짓기 구애로 사랑도 무르익어 갑니다.

기분 좋은 까치 소리로 시작해 새벽부터 짖어대는 온갖 새들의 합창을 포함해, 이제는 새들도 익숙해졌는지 사람들이 다가가도 날아가지 않고 곁에서 모이를 찾아 걷고 있는 모습도 신기한, 사람과 새들이 공생하는 이상적인 정원 풍경입니다.

7월의 정원에서 만난 사람들도 성숙했습니다.

새벽마다 산책길에 널려 있던 강아지 똥 때문에 신경이 거슬렸었는데 요즘은 작은 배낭을 멘 말쑥한 차림의 젊은 아저씨 한 분이 집게까지 동원해 버려진 담배꽁초, 플라스틱병, 종이컵, 쓰레기 등과 함께 치워주시니 더욱 산뜻한 마음으로 새벽 산책을 즐길 수 있게 되었습니다.

자연에서 배우다

저도 오늘은 용기를 내서 조깅하며 쓰레기 줍는, 플로깅 아저씨께 감사하는 마음을 전했습니다.

아름드리 벚나무 밑에 배려심 많은 누군가가 갖다 놓은 물그릇과 사료 담긴 그릇은 갓 출산한 고양이 가족을 위한 것이었음을 알게 되면서 그곳을 지날 때면 저절로 웃음이 나옵니다.

엄마의 손에 이끌려 운동 나온 지체 부자유 소녀가 제대로 걷지 못하고 며칠째 사선으로 질질 끌려다니는 모습을 보게 되었습니다. 서로 반대 방향으로 걷기 때문에 산책로를 빙빙 돌면서 걷다 보면 두 번을 만나게 되는데 그때마다 손을 흔들어 주었습니다.
마스크를 썼지만 소녀의 눈에서 웃고 있음을 알 수 있었습니다.
제가 먼저 손을 흔들면 쑥스러워하면서도 손을 들어 답례를 했습니다. 계속 아침운동 나오는 것이 대견해서 어제는 엄지 척을 해주었더니 기뻐하는 눈치였습니다.

오늘 아침엔 손을 잡지 말고 혼자 걸어보라고 했더니 어머니께서 걷는 것이 너무 느려 잡고 걷는다고 말씀하셨습니다. 우리는 그렇게 헤어져서 또 걷기 시작했고 다음 만나는 지점에서는 소녀가 혼자 걷고 있기에 기쁜 마음에 박수를 쳐주었습니다.
내일 새벽에는 혼자 걸어 나오는 소녀에게 어떤 격려를 해줄까 잠자리에 들면서 생각해 봐야겠습니다. 7월 말쯤이면 소녀의 걸음걸이도 성숙하여 엄마의 걸음에 보조를 맞출 수 있게 되길 기도합니다.

지혜로운 정원사들은 맺힌 풀들의 열매가 익어 널리 퍼지거나 바닥에 떨어지기 전에 잡초를 제거하기 위해 한낮의 더위를 피해 새벽부터 부지런히 풀을 뽑고 제초기를 돌립니다.
이렇게 7월의 정원에서 꽃이 피어 열매를 맺듯이 우리들의 마음이 성숙되고 있음을 느낍니다.

자연에서 배우다

자연에서
배우다
결론

요즘은 아들에게 하고 싶은 말을 식물이 대변해 주고 있어 대화가 훨씬 효과적입니다.

"밥 다 먹으면 아레카 야자나무 아래에 있는 가장 작은 식물을 가서 보렴."

자세히 살피더니 "꽃이 피었네요."

"그래, 식물은 그렇게 작아도 할 건 다 한단다. 하물며 사람인 우리는……."

'삶의 꽃 피는 봄을 만들기 위해 최선을 다하자.' 잔소리가 될까 봐 차마 입 밖으로 뱉지 못하고 마음속으로 되뇌었습니다.

나중에 큰아들은 "너도 꽃이 피어라."라는 말을 듣는 듯했다고 합니다.

오렌지 재스민이 꽃이 피어 여러 개의 열매가 맺혀 잘 익었기에 싹을 틔우기 위해 접시에 씨앗을 넣고 흙을 덮어 여름 내내 열심히 물 주며 돌봐주었습니다.

그런데 한 알도 싹을 틔우지 못하고 허무하게 모두 실패하고 말았습니다.

그러던 어느 날 옆 가지마루 화분에 자생적으로 떨어져 손가락 두 마디만큼 자란 오렌지 재스민 꽃이 짙은 향기를 내뿜으며 딱 한 송이 피어 있는 것을 베란다에서 발견했습니다.

꽤 여러 날 피어서 즐거움을 주다가 꽃이 졌지만 향기로운 여운은 아직까지도 남아 있습니다.

9월 초순, 제 검지만큼 자란 오렌지 재스민이 다시 세 송이 꽃을 피워냈습니다. 좀 더 지켜봐야 알겠지만 오렌지 재스민은 여러 송이가 다발로 꽃피기 때문에 이번에는 좀 더 여러 송이 피어날 것이라는 기대를 갖게 됩니다.

이렇게 손가락만 한 매우 작은 한 포기의 오렌지 재스민에게서 조차 배웁니다.

자연에서 배우다

"미세하고 원초적인 것을 포함한
가장 위대한 것이 자연이다."라는
결론을 얻습니다.

아낌없이
주는
뽕나무

뽕나무야말로 제가 아는 나무 중에서 가장 아낌없이 주는 나무인 것 같습니다. 텃밭이나 산비탈 등 우리 생활 주변 가까이에 있어 50여 년을 지켜봤으니 친밀감마저 드는 나무이기도 합니다.

일단 뽕나무는 어디서든 잘 자라며 성장 속도가 빠릅니다.

새잎이 돋아나 자랐을 때 뽕잎을 똑똑 따서 매우 잘게 썰어 어린누에에게 솔솔 뿌려주면 잘 먹고 쑥쑥 성장합니다.

누에가 점점 자라면서 잘게 썰어주던 뽕잎을 썰지 않고 온전한 한 잎 그대로 먹이다가 나중에 누에가 제 검지만큼 자라면 뽕잎이 달린 가지를 통째로 꺾어다가 가지 채로 던져줘도 사각사각소리를 내며 잘 갉아먹습니다.

자연에서 배우다

이렇게 뽕잎을 먹고 자란 누에는 어두운 곳에서 새하얀 누에고치를 틀어 질 좋은 비단(실크)을 만들어 내는데 그렇게 초록 뽕잎을 많이 먹은 누에가 새하얀 실을 뽑아내는 것을 실시간으로 보면 신비한 자연의 힘에 다시 한번 감동받게 된답니다.

물론 누에가 실크 집을 짓고 번데기로 생을 마감하면 고단백 영양 간식으로 사랑받게 되며, 어린 뽕잎을 말려 뽕잎 밥이나 차로 우리 식탁에 오르기도 합니다.

그렇게 뽕잎을 떼어내고 수많은 가지가 꺾여나갔어도 다시 무럭무럭 자라 달콤한 오디를 우리에게 내어줍니다. 이 오디는 맛도 좋지만 옷에 한번 물이 들면 잘빠지지도 않았기에 잘 활용하면 염색제로도 적극 추천할만하다는 생각이 듭니다.

그러고도 무성한 잎을 만들어 여름에 밭둑에 서서 농부들의 그늘이 되어줄 뿐만 아니라 뽕나무 줄기는 탄력이 좋아 나무줄기를 타고 올라가도 잘 부러지지 않아 어린이들의 놀이 기구도 되어줍니다.

장난감이 부족했던 시절, 한겨울 메마른 날씨에 감나무는 잘 부러지고 매달리면 나무줄기가 갈래로 찢어지는 반면 뽕나무는 서너 명의 어린이들이 한꺼번에 올라가 흔들어 대도 부러지지 않고 끄떡없이 지탱해 주니 어린이들에게 사랑받는 든든한 탄성 놀이 기구로 그 효용 가치가 높았습니다.

굵은 몸통은 멋진 가구가 되기도 하고 뿌리 또한 간 기능에 좋다고 알려져 간암 환자에게 뿌리까지 내어주고 마지막 잔가지마저 아궁이의 땔감이 되어 누군가의 추위를 녹여주고 심지어는 노랫말이 되어 우리들을 즐겁게 해주기도 합니다.

"뽕나무가 뽕하고 방귀를 뀌면 대나무가……."

이렇듯 뽕나무는 말 그대로 아낌없이 내어주는 참 고마운 나무이자 엄마 같은 나무라는 생각마저 듭니다.

여기서 우리는 잘살아가는 방법에 대한 시사점을 찾을 수 있으며, 가진 자들의 오만으로 꽉 움켜쥘 것이 아니라 채워짐에 대한 감사하는 마음을 담아 함께 나누고 함께 공유하고 내어줄 줄 아는, 아낌없이 주는 뽕나무처럼 **정신적으로나 물질적으로 나눔에 익숙해져야겠으며 나누는 기쁨을 느끼고 배워야 한다**고 생각합니다.

자연에서 배우다

비빔밥

비빔밥은 가장 자연을 닮은, 가장 자연을 많이 담은 자연스러운 음식이라는 생각이 듭니다. 그래서 저는 중요한 날이나 건강을 유난히 챙기고 싶은 날이면 자연과 하나 되는 마음으로 비빔밥을 만들어 먹습니다.

제 비빔밥에는 향긋하고 부드러운 비름나물과 콩나물무침이 꼭 들어갑니다. 그래서 시장을 보다 비름나물을 만나면 그날 저녁은 무조건 비빔밥을 식탁에 올립니다.

만일 비름나물이 없을 때는 냉이무침, 밑둥이 붉은 남해 시금치나 참나물을 데쳐 기본 양념을 넣어 무친 나물을 대신할 때도 있습니다.

호박과 양파를 채 쳐 굵은 소금을 약간 넣어 들기름에 볶고 표고나 느타리 등 그때그때 있는 버섯볶음 한 가지를 꼭 넣습니다. 이러한 나물들은 될 수 있는 한 모두 들기름을 사용합니다.

커다란 비빔밥 전용 사기그릇에 갓 지은 따끈따끈한 하얀 쌀밥을 푸고 그 위에 갖가지 나물을 올린 후 반숙의 계란프라이를 올립니다.

그 위에 자연이 내어준 고소한 참기름이나 갓 짠 들기름과 햇살과 시간이 가득 담겨진 합작품 양념 고추장을 넣고 슥슥 비비면 벌써 입안에 군침이 가득 고입니다.

이렇게 비빈 비빔밥을 한 수저 크게 퍼서 한입 가득 물면 오롯이 자연과 하나 되는 순간으로, 한 그릇 뚝딱 비우고 나면 자연의 기운이 온몸에 퍼지는 듯 건강한 느낌이 듭니다.

어려서부터 주변에서 쉽게 구할 수 있는 나물들로 뚝딱 만들어 먹던 추억 소환 음식으로 우리 가족이 제 정성을 많이 느낄 수 있기에, 덕분에 모두가 좋아하는 **비빔밥은 만들면서도 행복해지는 음식**입니다.

이렇듯 자연은 신선한 영양 먹거리로 인간에게 먹는 즐거움과 함께 행복한 웃음을 줍니다.

자연에서 배우다

숨
쉬는 땅

    자연과 흙은 떼려야 뗄 수 없는 불가분의 관계라고 할 수 있습니다.

    자연에 관심이 있다 보니 저절로 좋은 흙에 대해서도 관심을 갖게 되었습니다.

    지렁이가 사는 흙이 좋다는 것은 삼척동자로 알 것입니다. 지렁이가 헤집고 다닌 흙 속에는 산소공급이 잘되고 지렁이가 먹이를 먹고 배설한 흙은 양질의 흙으로 식물에게 좋다고 합니다.

    좋은 흙으로 빚은 토분에 식물을 심으면 잘 자라는 원리도 화분이 숨을 쉬기 때문입니다.

이렇게 좋은 흙은 숨을 쉰다고 합니다. 그래서 저는 걷기 운동할 때만이라도 시멘트나 콘크리트 인조잔디보다는 숨을 쉬는 좋은 땅 좋은 흙을 밟으려고 노력합니다.

마을 뒷산이나 공원을 찾는 이유가 살아 있는 숨 쉬는 땅을 밟고 싶어서이지만 도심 주변에서는 땅을 밟기가 쉽지 않습니다. 일부러 드라이브를 가야 하는 번거로움을 감수해야만 좋은 흙과 만날 수 있습니다.

제가 농촌을 좋아하는 이유는 흙냄새가 너무 좋고 숨 쉬는 좋은 땅을 마음만 먹으면 언제든지 밟을 수 있으며 좋은 흙에서 맘껏 즐길 수 있기 때문입니다.

수년 만에 큰맘 먹고 찾아간 고향의 큰 솔밭에 휴식년제를 도입해 출입을 통제하고 있어서 들어갈 수 없기에 아쉬웠었지만, 양질의 좋은 흙에서 소나무가 자랄 수 있도록 사람들로부터의 오염과 스트레스를 차단시킨 휴식년제는 정말 칭찬할 만한 좋은 자연보호 정책이라는 생각이 들었습니다.

이처럼 소나무와 같은 식물도 숨 쉬는 땅이 좋은데 하물며 사람에게 좋은 숨을 쉬는 것이 얼마나 중요할지에 대한 시사점을 여기서 찾게 됩니다.

지금 이 순간 기지개를 쭉 켜면서 깊고 큰 숨을 들이마시고 천천히 내뱉었습니다. 이렇게 서너 번 반복하고 나니 글을 쓰느라 긴장하고 있던 머리가 유연해지고 눈도 함께 맑아지는 느낌입니다.

자연에서 배우다

전국에서 둘째가라면 서러워할 정도로 산자수려한 설악산이 보이고 곁에 낙산해수욕장이 있지만 어촌이 아닌 해안평야가 발달한 곳, 산 좋고 물 맑은 농촌 태생으로, 태어나면서부터 숨 쉬는 땅을 손으로 어루만지면서 흙과 더불어 놀았고 땅을 밟으면서 뛰었으며 잔뼈가 굵어졌으니 이건 분명 행운이라고 말할 수 있습니다.

지금은 조금만 걸어 나가면 우거진 숲속의 유서 깊은 질 좋은 땅을 밟고 서서 맘껏 질 좋은 공기를 마시며 자연을 즐길 수 있는 남한산성 가까이 산다는 것도 무한 감사입니다.

'숨 쉬는 땅을 밟고 산다는 것!'
이 자체가 행복이라는 생각이 듭니다.

자연과
함께

　오랜만에 조상을 모신 산소에 갔더니 우거진 나뭇잎과 풀들이 무성해져서 곧바로 걷기조차 힘들었으며 가지치기로 부부싸움까지 했다는 친구의 하소연을 전화로 들으면서 생각에 잠깁니다.

　예전 같으면 땔감으로 나무를 사용하던 시대니 집마다 너도나도 마른 나뭇가지나 생나무 가지를 잘라다 화목으로 사용했으므로 모두들 산으로 나무하러 다녔으며 산 주인은 나무를 해 가지 못하도록 산을 지키기까지 했었습니다.

　국가 공휴일인 식목일까지 두어 나무를 열심히 심었습니다. 빈 땅이나 자투리땅만 있으면 학생들과 선생님 부모님과 함께 나무를 심고 잘 자랄 수 있도록 세숫대야에 물을 떠다 주면서 가꾸기

자연에서 배우다

도 했습니다.

풀까지 베어다 퇴비를 만들어 농사를 짓던 시대이기에 꽃이든 나무든 열심히 심었던 시기가 있었습니다.

이렇게 나무를 많이 심어도 땔감은 늘 부족했고 여전히 땔감을 위해 자연을 훼손하자 정부에서는 자연보호 운동을 조직적으로 하기 시작했습니다.

꽃도 나무도 꺾지 말고 잘 가꾸자는 것이지요.

잔디밭에 들어가지 말자는 자연보호 표지판을 여기저기 세우고 여름방학 숙제로 잔디 씨나 아카시아 씨앗까지 채취해다가 학교에 제출하기도 했습니다.

이렇게 전 국민이 노력한 결과 전국의 산과 들은 녹색으로 푸르렀으며 북한의 벌거벗은 산과 대조되는 좋은 결과물로 '자연보호 운동'은 매우 성공작이었습니다,

이제는 자연보호 결과물인 숲에서 자연과 함께 소통하고 자연과 함께 상생하는 자연 속의 삶을 추구하면 좋을 때라고 생각합니다.

메타버스의 성공이 눈앞에 있어 2025년이면 상용화 단계에 있다고 하고, 인간의 관절보다 더 효율적인 뒤공중돌기까지 가능한 인공지능 로봇이 우리의 눈앞에서 익숙한 모습으로 비추어 지고 있는 요즘, 코로나변이바이러스로 인해 추석 야외 성묘까지 자제

시키고 있는 정부의 방역 대책 발표는 마음이 무거워지지만 이럴 때일수록 자연 속에서 자연과 함께 상생해야 하는 방법을 모색하는 것이 지혜로운 판단이 아닐까 하는 생각이 듭니다.

자연에서 배우다

초가을
남한산성에서

한여름 고향 양양에서 보내왔다는 무지무지 맛있는 찰옥수수를 갖고 한밤에 잠시 만났던 옆 동네 사는 친구에게서 전화가 왔습니다.

가끔 하늘이 맑아서 햇살이 너무 좋아서 등으로 통화를 하던 사이라 유난히 맑고 푸른 보기 드문 하늘 풍경에 창밖으로 자꾸만 시선이 가던 터였는데 이심전심으로 통했나 봅니다.

반가운 마음에 놀이로 배우다 세 번째 교정을 미루고 망설임 없이 차를 갖고 달려 나갔습니다.

"어쩜, 저 구름은 파도가 밀려왔다 모래사장에서 하얗게 부서지는 순간을 닮은 것 같아."

"저기 저 구름은 우리 동네 바닷가를 닮았고, 옹기종기 모여 있는 저 구름은 남해안 섬들 같아."

오늘 구름은 완전 바닷가를 연상시키게 만들고 있었으며, 오가는 길에 우리는 자연스럽게 하늘을 보면서도 자꾸만 고향의 바닷가 이야기를 하고 있었습니다.

남한산성의 새로운 전망대를 발견했다며 지금쯤 가시거리가 판교까지 볼 수 있을 것이라는 달콤한 유혹에 분당에서 점심을 먹던 우리는 정반대인 남한산성을 향해 달렸습니다.

전부터 남한산성 노을이 아름답다며 꼭 보여주고 싶다고 노래 부르던 친구의 마음을 잘 알기에 오후 일정을 과감히 접고 무지무지 행복한 마음으로 남한산성 남문 쪽으로 향했습니다.

남문 입구는 닫혀 있고 기존의 유료주차장이 없어져 당혹감으로 슬금슬금 앞으로 가던 중 추석 무렵이라 일정한 기간만 개방되어진 숲 터널로 이루어진 스산한 감마저 밀려오는 오솔길을 따라 올라가 우리는 적당한 위치에 주차를 하고 전망대에 올랐습니다.

초가을이라 이름 모를 나무에는 열매 꼬투리가 조롱조롱 다닥다닥 맺혀 있었으며 보랏빛 각시투구꽃과 구절초가 듬성듬성 피어 있어 곁에 주차한 미안함을 담아 더욱 애정 어린 시선으로 그들에게 관심을 주었습니다.

벌써 야생화나 잡초들의 제초작업을 끝낸 관리가 잘된 깔끔한

자연에서 배우다

산성 벽을 따라 아쉬운 마음으로 제초 전 야생화나 풀 모습 등을 상상하면서 오르내리며 걷다 보니 시야가 탁 트이는 곳 아래에 마치 제단 같은 전망대가 구축되어 있었습니다.

전망대 가는 길가와 망대 위에는 맑디맑은 푸른 하늘을 배경으로 자줏빛 코스모스와 흰색 분홍색 코스모스가 유난히 반짝이는 가을 햇살을 받으며 여유롭게 춤추고 있었습니다.

예정에 없었던 즉흥적인 남한산성 산행이라 미숙이의 하늘하늘한 꽃무늬 원피스는 가을 산바람에 더욱 하늘거렸고 흔들리는 코스모스와 어울려 참 예쁘다는 생각을 하면서, 앞서 성큼성큼 올라가는 친구를 따라 양말도 신지 않은 채 헐렁거리는 운동화를 신고 울퉁불퉁 자연산 돌들로 쌓아 만든 높은 계단을 허리가 60도로 굽은 채, 자칫하면 발목이 삐끗해 민폐를 끼칠까 봐 조심조심 초행길을 텄습니다.

"와우! 서울이, 잠실이, 판교가 이렇게 가까웠다니, 롯데월드타워는 지척에 서 있고 남산타워가 선명하게 보인다. 저기 한강도 보이네."

연신 감탄을 하며 눈을 어디에 두어야 할지 모를 정도로 두리번거리며 360도를 빙글빙글 돌았습니다.

망대 위는 옛날에 봉화를 올렸을 것만 같은 위치에 있어서 곳곳의 산봉우리와 마을들이 매우 잘 보였습니다.

호암산이 정면에 마주 보이는 그곳은 정말 남한산성에서 처음 만나는 절경을 볼 수 있는 또 하나의 경치 맛집이 될 것 같은 행복함이 밀려왔습니다.

전망대 바로 아래에 있는 산성 건너 담장까지는 왔다 갔었지만 담 하나를 경계로 이렇게 좋은 곳이 있다는 것은 상상하지 못했던 뜻밖에 발견이었습니다.

곡식이 무르익어가는 뜨거운 가을 햇살도 아랑곳하지 않고 우리는 스마트폰으로 파노라마를 찍으며 오롯이 단둘이서 남한산성에 포근히 안겨 웃었습니다.

마스크를 벗고 하얀 이를 드러내며 밝게 웃는 모습이 서로가 낯설었지만, 이렇게 마스크를 벗는 행위가 귀여운 일탈이 아닌 일상이 되는 날이 빨리 오기를 기도했습니다.

오늘처럼 자연은 우리에게 가끔 기대하지 못했던 선물 같은 풍경을 선사해 줍니다.

유난히 자연을 좋아하는 저로서는 미세먼지 걱정 없이 푸른 바다와 같은 첨벙 뛰어들고 싶은 높고 높은 하늘을 바라보며 맘껏 심호흡할 수 있는 것이 로또 당첨과도 같은 기쁨이기에, 그래서 더욱더 살맛 나는 세상이라는 생각을 합니다.

가끔은 아주 가끔은 하늘이 부르는 대로 자연이 손짓하는 대로 태양에 이끌려 구름에 이끌려 계획에 없는 작은 일탈을 해도 좋

자연에서 배우다

겠다는 생각을 했습니다.

초가을 한낮의 남한산성에서 적어도 저는 **자연이 주는 선물 같은 기쁨을 누릴 수 있는 마음의 여유**가 생겼고 행복이 별거 아니라는 것을 쉽게 받아들이고 느낄 수 있었기 때문입니다.

밤의 비밀

　이른 새벽 아파트 정원에서 걷기 운동을 하면 지렁이들이 보도 블록 위에 많이 나와 있는 것을 목격할 수 있었습니다.

　이러한 현상이 기이하기는 했으나 도대체 밤새 무슨 일이 일어 났는지에 대한 생각은 미처 하지 못하고 땅속이나 풀 섶에 숨어 있을 것이지 왜 나와서 곧 햇빛에 말라죽거나 새들의 먹이가 되려고 하는지, 그 운명만을 안타까워했었습니다.

　남한산성 등반을 하면서도 곳곳의 흙들이 파헤쳐져 있거나 커 다란 혹은 작은 구멍들이 뚫려 있는 것을 볼 때마다 뱀 구멍이니 조심해야겠다고 생각하거나 야생화나 어린 식물들을 캐갔을 막 연한 누군가를 원망하면서 걷곤 했습니다.

그런데 그동안 얼마나 제 생각이 어리석고 산에 대해서 우매했는지를 남한산성에서 첫 노을을 보기 위해 기다리는 동안 친구와 함께한 찻자리 대화에서 알아차림 할 수 있었습니다.

친구는 틈만 나면 밤 10시 11시에도 남한산성에 오른다고 합니다. 여름밤에 남한산성에 오르면 팔에 거미줄이 여기저기서 쩍쩍 달라붙는다고 했습니다.
멧돼지들이 땅을 파고 지렁이를 잡아먹기 때문에 밤길 산행은 조심해야 한다는 말도 덧붙였습니다.

야행성 동물이나 곤충들이 있다는 것을 잘 알고 있었으면서 어쩌면 그동안 한 번도 밤의 숲속이나 산 풍경에 대해서 생각해 보지 않았는지, 사고의 폭이 얼마나 좁았는지 반성하는 계기가 되었습니다.

길가의 지렁이들이 땅속을 파헤치는 야행성 조류나 짐승들을 피해 시멘트 위에서 해가 뜨기를 기다리고 있었는지도 모를 일이고, 산행에서의 구멍들은 멧돼지들의 사냥 흔적일 수도 있겠다는 생각의 변화와 함께 이해 가지 않았던 퍼즐이 맞춰진 느낌이 들었습니다.

그래, 자연을 이해하려면 새벽이나 낮뿐만 아니라 밤의 자연현상까지도 포함해야 좀 더 깊이 있는 자연에서의 공부가 될 수 있을 것이므로, 생각에 대한 오류를 조금이라도 더 줄일 수 있도록 산속 밤의 비밀에 대해 좀 더 관심을 가져야겠다는 생각과 함께 사고의 폭을 넓힐 수 있었던 온종일 감사한 오늘입니다.

남한산성
노을

산속의 밤은 산 아랫마을보다 빨리 찾아옵니다.

커피숍에서 일몰 시간을 기다리면서 우리는 자연에 대한 이런 저런 이야기에 빠져 시간 가는 줄 몰랐습니다.

갑자기 빠른 속도로 어둑어둑해져서 조금 늦은 감이 있어 일몰을 놓칠세라 서둘러 한낮에 갔던 전망대로 달렸습니다.

"뛰어!"

자연은 자연스럽게 그냥 흘러가는 것이지 전혀 기다려 주지 않는다는 것을 다년간의 일출관람 경험으로 인해 너무나 잘 알고 있었기에 우리는 무조건 뛰었습니다.

숨이 턱까지 차오르도록 뛰어 산성 벽을 따라 뛰었더니 전망대

계단을 오르면서 서산의 일출을 겨우 만날 수 있었습니다.

세 시간 전 한낮에 간간이 들리던 산새들도 순식간에 푸드덕거리다가 둥지에 들었는지 잠잠해졌고 남쪽 하늘엔 이미 차오르고 있는 달이 떠 있는데 동시에 서쪽 하늘에서는 태양이 마지막으로 작열하게 불태우고 있는 귀한 광경을 목격할 수 있었습니다.

오늘 한낮에 보았던 청명한 하늘 위에 뭉실뭉실 떠다니던 흰 구름을 붉게 물들이며 사이사이로 붉디붉은 홍시 빛 같은 저녁노을이 기다란 띠를 두르면서 아름다움을 발산하고 있었습니다.

해님이 잠들기 전 마지막으로 발산하는 노을빛이 어찌나 붉게 타오르던지 그 빛으로 인해 발아래 선명하게 보이던 고층건물들이 안개 속에 잠긴 듯 뿌옇게 보여 잠시였지만 신비로움을 더했습니다.

해님이 서산에 잠들자마자 갑자기 등 뒤에서는 세찬 바람이 불어와 한기가 느껴졌으며, 다시 빌딩들은 창문까지 선명하게 보일 정도로 세상이 밝아졌다가 곧 어둠 속에 갇히면서 집집마다 하나 둘 전등이 켜지고 네온사인과 자동차 조명 등으로 인하여 속세는 갖가지 색상의 보석들로 가득 채워져 반짝이기 시작했습니다.

석양에 물든 광활한 바닷가 노을에만 익숙한 저로서는 처음 만나는 깊은 산속에서의 노을이 생경했지만 신선한 경험으로 이미 저는 남한산성의 노을에 텀벙 뛰어들어 헤어 나오지 못하고 감격

자연에서 배우다

해 하고 있었기에 예전의 노을보다 못하다는 친구의 말을 군이 빌리지 않더라도 이 가을이 가기 전에 다시 한번 더 노을을 만나러 와야겠다는 다짐을 하고 있었습니다.

아름다운 노을을 두 눈에 담을 것인지 추억으로 사진에 담을 것인지 잠시 망설이면서 산다는 것은 매 순간 선택의 연속이라는 생각을 했으며, 붉게 물든 가슴으로 돌아와 페북에 남한산성 노을 사진을 올렸습니다.

이를 보시고 페이스북 친구 어르신께서 "인생도 저녁노을과 같아 보여 생각이 깊어집니다."라는 댓글을 주셨습니다.

저는 "만일 인생이 저녁노을과 같다면 숨을 거두기 직전까지도 한 번쯤 또 아름답게 빛을 발하는 삶의 순간이 기다리고 있다는 희망적인 생각을 하게 됩니다. 오늘도 자연에서 이렇게 매번 배웁니다."라는 답 글을 올렸습니다.

내일 일출은 6시 17분임을 확인하면서 잠자리에 들었으나 남해안 쪽으로 태풍이 지나고 있는 요즘 일출에 대한 욕심은 비우기로 결정하고 잠자리에 들었다가 다음 날 아침 반짝이는 햇살에 안타까운 마음으로 남한산성을 바라보며 내일 새벽 해돋이는 꼭 그 전망대에서 맞이하기로 다짐합니다.

남한산성의
해돋이

　해돋이 하면 바닷가만 떠올렸지 산속에서의 해돋이는 생각조
차 해본 적이 없었던 제가 남한산성의 석양에 반하고부터 산속에
서의 해 돋는 풍경이 매우 궁금해져 연속 3일째 남한산성의 해돋
이를 위해 공을 들이고 있지만 흐리거나 비가 오면서 좀처럼 쉽
게 허락하지 않고 있습니다.

　오늘이 한가위라 해돋이와 보름달을 함께 맞이해야겠다는 야
무진 계획이 있었지만 새벽 두세 시경부터 비가 오기 시작해 낮
열두 시인 지금 해님이 살짝 얼굴을 내밀더니 곧 흐려지기를 반
복하고 있고 보름달이 떠오를 무렵인 6시 59분의 날씨는 흐리고
강수 확률 20%이니 남한산성에서 보름달을 맞이할 확률은 0%

자연에서 배우다

인 셈입니다.

그래도 그동안의 경험으로 보아 경인 지방 어딘가에서는 잠깐이라도 월출을 볼 수 있는 행운아들이 있을 수도 있겠다는 생각을 하며 쉽게 포기가 되지 않습니다.

추석날 중부 지방의 비라는 일기예보대로 예사롭지 않은 많은 비가 새벽까지 내렸고 아침을 먹고 화분에 물을 주다 얄궂게도 반짝이는 해를 쳐다보며 허탈감에 웃습니다.

굳이 따지자면 보름달이 뜨지 못한 것은 해님 때문이 아닌데 말입니다. 추석날인 어제 구름에게 밀려난 해도 피해자이고 구름에 가려진 달님도 피해자이며 바람에 밀려온 구름도 피해자라면 바람이 보름달을 보지 못하게 한 가해자라는 것은 말이 안 된다고 생각됩니다.

햇살을 바라보며 이런 어처구니없는 생각을 하면서 책상에 앉아 있던 저는 갑자기 쏟아지는 빗소리에 화들짝 놀라 뛰어나가 활짝 열어젖혔던 창문들을 후다닥 닫고 돌아왔습니다.

불과 10분 후를 예상 못 하고 밝은 햇살에 눈이 멀어 환기를 시키고 난 후에도 깨끗한 공기를 계속 욕심냈으니, 매사에 적당한 꼭 필요한 만큼만 욕심내야겠다는 평상심이 또 흔들렸다는 생각을 하면서 창문을 닫았습니다.

그렇습니다. 이게 바로 자연의 힘이었던 것입니다.

아무도 정확하게 예상할 수 없고 이변이 일어날 수 있는 상황들 때문에 우리는 자연이 가끔 두려워지고 경외감을 느끼게 되며 신비롭기까지 하므로, 어떤 민족들은 심지어 신으로 떠받들기까지 하는가 봅니다.

　글을 쓰고 있는 이 순간에도 청명하고 햇살이 눈 부신 하늘인데 가끔 믿기지 않을 정도로 어두워졌다 맑았다가 반복되는 변덕을 부리고 있습니다.

　비 올 확률 몇 퍼센트로 예상만 할 뿐 정확하게 몇 시 몇 분 몇 초에 비가 내릴지는 일반적으로 생각해 볼 때 아무도 예상할 수 없을 것입니다.

　저처럼 단순하게 일출이나 월출을 보려고 기상을 살피는 것이 아니라 만일 일기예보와 매우 밀접하게 관련된 어떤 중요한 일이나 행사를 앞두고 오늘처럼 갑자기 비가 쏟아졌다 해가 났다가 반복되는 상황에 자주 노출되다 보면 판단력이 흐려지고 마음이 약해져서 무엇인가에라도 매달리고 의존하고 싶을 것이기도 하겠다는 생각이 듭니다.

　남한산성 망대에서 동남쪽 하늘에는 보름달로 차오르고 있는 낮달과 서쪽 하늘에서 지고 있는 붉은 태양을 동시에 볼 수 있었던 경이롭고 행복했던 순간이 엊그제인데, 그 순간을 떠올리면 아직까지도 가슴이 설렘에도 불구하고 멈추지 않고 연속으로 일출까지 욕심을 내고 있는 제 모습이 스스로 생각해 봐도 과유불

자연에서 배우다

급인 것 같아, 자연이 제게 자연스럽게 일출을 허락할 때까지 남한산성에서의 일출을 볼 수 있는 행복은 잠시 보류하기로 마음먹었습니다.

해돋이나 노을처럼 감성적 목적이 아닌 만일 지진이나 해일 같은 자연 현상을 예측할 수 없고 막연하게 기다려야 하거나 어느 날 갑자기 일어나게 된다면 사람들의 마음은 더욱 불안해지고 종교의 힘까지 의지하게 될 것이라는 생각도 하게 됩니다.

남한산성에서 해돋이 한번 보려다가 타부까지 들먹이게 되는 힘, 이것이 바로 자연의 힘이요, 대자연인 우주의 원리인 것 같습니다.

자연에 관심을 갖을수록 이렇게 저는 대자연 앞에서 한없이 작고 낮아지고 있으나 마음만은 넓어지고 있음을 조금씩 느껴가고 있습니다.

아직까지 겉으로 모두 다 표현하지는 못했지만 많은 것들을 배워가고 있습니다만 너무나도 방대하고 무궁무진하므로 이 자연에서의 배움에 대한 종착역은 없을 것으로 판단됩니다.

아마도 저는 죽는 순간까지도 삶 또는 죽음에 대한 그 무엇인가를 자연에서 배우게 될 것 같습니다.

어쩌면 자연에서의 이 배움 자체가 부질없는 것임을 막연하게 느끼고 있을지도 모르는 일인 것 같기도 하고, 점점 더 제가 제 마음을 잘 모르겠습니다.

부끄럽지만 아무튼 여기까지가 자연에서 배운 오늘 제 마음 상태입니다.

✿

❀

✿

12월 9일, 우여곡절 끝에 드디어 오늘 남한산성 동문으로 달려가 붉고 둥근 해를 영접했습니다.

일출은 바닷가 보다 산속의 해가 더 크게 보였으며 더 가까이 있는 느낌이 들었으나 오늘 한 번 본 것으로 산속의 일출을 이야기하는 것은 시기상조라는 생각이 듭니다.

자연에서 배우다

자연과
더불어 사는
지혜

인간이 자연에 적응하며 지혜롭게 살아가는 방법은 다양합니다.
곰곰이 생각해 보니 여기서의 공통점은 미성숙 된 **자연의 산물
을 시간이라는 자연 속에 가두어 두고 기다림이란 인내를 부여하
면 숙성이나 성숙으로 이르는 지름길이 된다**는 것입니다.

쉬운 예를 들자면 딱딱하고 떫은 감은 상자에 담아 서늘한 곳
에서 일정 기간 후숙시키면 떫고 텁텁한 맛이 사라지고 목 넘김
이 매끄러운 말랑말랑한 홍시가 되어 그 달콤함이 배가되는 것을
볼 수 있습니다. 이때 감 사이에 마른 솔잎을 켜켜이 넣으면 보다
오랫동안 홍시를 보관할 수 있습니다.

떫은 감을 항아리에 담고 적당한 온도의 따뜻한 소금물이 잠길 정도로 붓고 볏짚을 넣어 항아리 입구를 막은 뒤 이불을 덮어 따뜻한 곳에서 하룻밤 자고 나면 딱딱하지만 달콤한 감으로 변신 변화하는 모습에서 또한 삶의 지혜를 찾을 수 있습니다.

딱딱한 감을 껍질을 깎아 엮어서 처마 밑에 걸어두고 가을볕에 일정 기간 말리면 주홍색 속살이 검붉은 색으로 변하면서 촉촉하고 쫀득쫀득한 형태로 탈바꿈되며 동시에 떫은맛은 사라지고 엿보다 더 맛있는 단맛이 추가됩니다.

이 마른 곶감을 감 껍질에 싸서 일정 기간 보관하면 곶감 표면에 설탕처럼 하얀 분이 뽀얗게 나 있는 것을 볼 수 있습니다. 이 곶감의 하얀 분가루는 설탕보다 더욱더 맛있는 단맛을 냅니다.

곶감은 자연의 산물을 오랫동안 저장할 수 있는 삶의 지혜가 특히 돋보이는 맛의 결정체로서 자연과 시간이 빚어낸 '기다림의 맛'이란 생각이 들었습니다.

산에서 나는 다래를 항아리 속에 넣어 밀가루로 파묻어 두고 일정 기간 기다리면 키위보다 더 맛있는 달콤한 다래로 후숙되어 나옵니다. 이러한 방법은 다래가 상하지 않고 더욱 맛있어지며 비교적 오래 보관할 수 있는 방법으로 자연과 더불어 살아가는 삶의 지혜라고 생각합니다.

중국 명나라 정화의 원정대가 배 안에서 콩나물을 길러 제공함

자연에서 배우다

으로써 뱃사람들의 괴혈병을 막을 수 있었다는 콩나물의 유래와 고려 태조의 건국 시 콩을 냇물에 담가 불리어 콩나물을 키워 병사들에게 제공함으로써 식량부족을 모면했다는 일화 등도 보관이 용이한 마른 콩에 물을 주기만 하면 콩나물이 되는 식물의 특성을 잘 활용한 지혜로운 사례라 할 수 있습니다.

위와 같은 실제의 예들은 모두가 시간에 정성을 쏟아야 완성되는 생활 속의 자연 먹거리들입니다.

처음 원재료보다 더 맛있게 먹을 수 있고 영양가가 좋아지고 부피가 줄거나 늘어나는 등 좋은 방향으로의 숙성이나 변화된 자연 먹거리들을 종합해 볼 때 다음과 같이 유추해 볼 수 있었습니다.

인간 성숙의 지름길은 교과서도 참고서도 백과사전도 아닌 기다림이란 자연스러운 시간의 여행이라는 생각이 들었습니다. 그냥 막연한 기다림이 아닌 곶감 말리듯이 좀 더 정성과 지혜를 곁들인 기다림이란 생각입니다.

그러니 우리 아이들의 성장도 내가 부모니까 어쩌겠다는 식의 논리보다는 정성과 함께 믿음이라는 지혜를 넣어 잘 기다려 주는 것이 보다 성숙한 성인 역할이 되는 지름길이라는 생각을 해 봅니다.

오늘도 맛있는 과일을 먹으면서 자연이 햇살, 바람, 비 등과 함께 시간이라는 기다림으로 공을 들인 결집된 에너지를 섭취할 수 있음에 무한대의 감사함을 느낍니다.

　이렇게 **자연과 가까이하면 소소한 모든 것에 감사하게 되는, 감사하는 방법과 삶의 지혜를 배우게 됩니다.**

자연에서 배우다

모든 것에는
때가
있습니다

자연은 기다려 주지 않습니다.

그래서 모든 것은 때가 있다는 것을 자연 현상을 보면서 알게 되었습니다.

식물 화분에 제때 물을 주지 않으면 시들거나 말라죽어 버립니다.

농부가 파종을 하거나 벼를 심을 때에도 그 시기를 놓치면 전전긍긍하는 것도 발육성장 및 수확에까지 큰 영향을 미친다는 것을 잘 알기 때문입니다.

이렇게 자연을 이해하고 자연에서 잘 살아가려면 시기, 즉 때를 잘 알아야 한다는 것이며 이러한 때를 놓치지 않기 위해 미리 준비해 놓고 때가 오기를 기다렸다가 때가 되면 적당한 시기에 파종하는 삶을 살다 보니 농부의 삶이 곧 근면 성실함의 대명사가 된 것이라는 생각이 듭니다.

저는 어린 시절 해돋이를 보기 위해 일찍 잠자리에 들었던 적이 참 많습니다. 해돋이뿐만 아니라 중간·기말고사 기간에 벼락공부를 위해 어머니께 깨워달라고 부탁드리고 잠자리에 들었다가 낭패를 본 적이 한두 번이 아니기에 스스로 자신밖에 믿을 수 없다는 것을 일찍 깨달은 셈입니다.

일출 시간이 계절마다 다르고 태양은 어김없이 정해진 그 시간에 떠오르기 때문에 때를 놓치면 언제 또 일출을 볼 수 있게 될지 예측할 수 없었기에 무조건 이른 시간에 일어나 달려가서 바닷물 속에서 해가 떠오르는 그 짧은 순간을 기다리는 수밖에 없었습니다.
설령 맑은 날씨이더라도 해가 솟아오르는 순간의 그 위치에 작은 구름 한 조각이라도 떠 있으면 완벽한 해돋이를 온전히 감상할 수 없었기에 일출을 보면서 항상 제가 참 운이 좋은 행운아임을 확인할 수 있었습니다.

작은 배 한두 척이 떠 있고 갈매기 서너 마리 날아다니는 순간의 동해 바다 일출 풍경을 제가 제일 좋아했으나 삶의 거품을 모

자연에서 배우다

두 제거하고 나니 이제는 남한산성에서의 일출도 감지덕지로 감사한 마음입니다만 아직도 관람을 자연으로부터 허락받지 못하고 있습니다.

우리 어머니는 특히 공부는 때를 놓치면 힘드니 제때에 해야한다는 것을 강조하셨습니다. 지금은 무엇이든 마음만 먹으면 배울 수 있는 세상이 되었지만 그때는 정말 그랬을 것 같습니다.

서른 후반 마흔 초반에 아들 둘 딸린 늦은 나이에 대학원과 박사과정을 하려니 시아버님 병환 등 공부에 집중할 수 있는 상황이 힘들기에 그 공부하는 때가 있다는 의미를 더욱 또렷하게 이해하고 느낄 수 있었습니다.

자연산 송이버섯도 채집 시기를 놓치면, 즉 때를 놓치면 확 퍼드러져 상품의 가치가 떨어지며, 민들레 꽃 필 무렵부터 홀씨 되면 입으로 불어 날리고 싶어 기다렸던 마음은 아랑곳없이 어느새 높새바람(샛바람)에 날아가 버린 민들레 홀씨의 덩그러니 남은 줄기를 바라보며 바람을 탓할 수도 없었던 고향 추억에서도 자연은 때를 기다려주지 않는다는 같은 원리로 해석할 수 있습니다.

이렇게 모든 것은 때가 있으며, 자연은 기다려 주지 않는다는 것을 쉽게 이해할 수 있는 우리는 인생에서 그때를 놓치지 않기 위해서는 멋진 농부이셨던 우리 시아버님처럼 근면 성실해야겠다는 생각에 이르게 됩니다.

조금 살아본 바에 의하면 평범한 우리가 인생의 황금 시기에 때를 잡기 위해서는 예나 지금이나 부지런함이 최고의 지름길이라는 생각이 듭니다.

　이러한 때를 **잘 안다는 것은 곧 모든 것에는 때가 있으므로 그 시기를 놓치지 말아야 한다는 뜻과 상통하는 의미**로 우리가 살아가는 데 많은 도움이 될 것입니다.

　지금도 제 삶에 많은 도움이 되고 있으니 말입니다.

자연에서 배우다

자연은
음악가

　자연은 갖가지 소리를 만들어 내는 음악가이자 사시사철 적당한 시기에 때맞춰 갖가지 소리를 들려주는 지휘자이기도 합니다.
　자연에서 좀 더 넓게 사물을 대하려는 의지와 함께 사고를 하다 보니 이런 생각까지 하게 되었습니다.

　귀만 기울이면 언제든지 들을 수 있는 자연의 소리들은 제겐 음악처럼 익숙해진 정겨운 소리들입니다.
　특히 자연은 가을에 더욱 왕성한 연주활동을 하는 것 같습니다.
　스산한 바람 소리에 낙엽 굴러가는 소리로 화음을 넣고
　풀벌레 소리
　코스모스 바람에 흔들리는 소리

꽃잎에 앉기 전 윙윙대는 벌 소리나 무시무시한 말벌들의 합창
알밤 떨어지는 소리
철썩철썩 앞마당 홍시 떨어지는 소리 등 이렇듯 자연은 갖가지 소리를 만들어 내는 음악가라는 생각이 듭니다.

산속에서 해가 지면 새들이 둥지에 들어가는 어수선한 소리를 50대 중반에 친구랑 남한산성에서 난생처음 들었습니다. 잠시 들렸던 푸드덕거리는 날갯짓과 함께 누군가에게 신호를 보내는 것처럼 짧은 새 울음소리가 들리는 듯하더니 곧 잠잠해졌습니다.
짧았던 순간이었지만 제겐 매우 강렬하면서도 생경한 느낌의 소리들이었습니다.

또한 남한산성에서 스러져가는 일몰과 함께 동시에 갑자기 불어온 세찬 바람 소리는 서늘한 음기를 느낄 수 있었으며, 이때 해가 뜰 때 들리던 찰랑거리는 잠잠한 고향의 파도 소리를 떠올렸습니다.
순간 저는 '음의 기운과 양의 기운이 소리에서도 이렇게 차이가 나는구나!'라는 자연의 이치를 조금 더 이해할 수 있었으며, 이런 아름다운 석양을 바라보는 순간에 나에게 보여주고 싶다는 생각을 했을 친구 미숙이의 예쁜 마음을 우정으로 지켜야겠다는 생각이 들었습니다.

이른 아침 까치 소리에 눈을 뜨며 '반가운 손님이 오시려나!'

자연에서 배우다

하는 생각에 한 번쯤 창문 밖 까치 소리가 들리는 곳으로 고개를 길게 빼고 두리번거렸던 추억들이 있을 것입니다.

어디선가 멀리서 뻐꾸기 소리가 들려오면 모내기 철이 다가오고 있음을 알게 되고 까치 소리에 반가운 소식을 기다리고 까마귀 소리에 손을 내두르시며 쫓던 큰댁 큰어머니 모습이 그립습니다.

여름날 이른 아침 어미 참새가 새끼 참새들에게 벌레 사냥을 독려하는 소리와 이에 응대하는 아기 참새들의 조잘대는 소리들부터 시작해, 천둥소리와 시끄러운 개구리 소리에 밤잠을 설치기도 하다가 제비 새끼가 어미 새에게 입을 쩍쩍 벌리면서 벌레 받아먹는 중창 소리가 사라지면 외양간 송아지와 어미 소가 부드러운 음색으로 정겹게 소리를 냅니다.

귀뚜라미 소리와 여치 소리에 스산함이 더해지면 그다음은 낙엽 밟는 소리와 낙엽 부서지는 소리가 겨울을 재촉합니다.

돼지 먹이 먹는 소리가 유난히 크게 들리는 눈 내리는 겨울 아침이 힘겹게 지나고 나면 얼음장이 쩍쩍 갈라지는 소리와 함께 얼음장 밑으로 졸졸졸 얼음이 녹아 흘러내려 가는 소리에 봄맞이 할 준비를 했습니다.

시냇물 소리가 힘차게 들리고 아이들의 웃음소리가 섞이면 설악산과 오색령 등 산속의 웅장한 폭포 소리와 함께 여름이 한창입니다.

그 밖의 연어 떼 첨벙대며 물살을 거슬러 올라간 뒤 남대천 강물결이 바람에 출렁이는 소리와 더불어 갈대밭에 파도처럼 일렁이는 커다란 갈대 물결의 멋진 장관에 감탄하는 사이 대집단의 갈대들이 춤추며 부딪혀 내는 스산한 몸짓합창이 세찬 바람 소리와 함께 어우러지는 강가의 강렬한 합창은 해 질 무렵 더욱 절정으로 치닫습니다,

들판의 갈대 흔들리는 소리를 뒤로하고 산더미 같은 파도가 밀려와 부서지는 소리, 처마 밑에 달린 고드름이 마당에 떨어져 쨍하고 깨지는 고음 등 겨울이 깊어만 갑니다.

눈을 밟는 정겨운 소리와 함께 지붕에 쌓인 눈이 한꺼번에 우르르 쏟아지는 소리나 눈 녹아내리는 처마 밑 낙숫물 소리, 세찬 겨울바람 소리, 문풍지 떨리는 소리, 바람에 나뭇가지 부딪히는 소리에 익숙해지면 다시 봄날 빗방울 떨어지는 소리, 대나무 숲 소리, 몽돌해변 돌 굴러가는 소리, 술 익는 소리 등이 때로는 불협화음이 되고 때로는 아름다운 선율이 되어 사계절 끊임없이 연주되어 들려오는 자연은 멋진 지휘자이자 음악가임이 분명합니다.

가만히 귀 기울여 들어보셔요.

제가 좋아하는 어느 시인의 오래된 리듬감 넘치는, 자연의 소리 앞에서 딱 어울리는 시 구절이 떠오르는 이른 아침입니다.

자연에서 배우다

자연스럽게

　자연에 관심을 갖고 본격적으로 《자연에서 배우다》를 집필하기 시작하면서 무엇인가 부자연스러움이 느껴지기 시작했습니다.

　그냥 자연으로부터 제게 자연스럽게 다가오거나 스쳐 지나가던 잔상들이 마치 가요 속의 먹이를 찾아 어슬렁거리는 하이에나처럼 목적을 갖고 자연에게 다가가는 듯해 자연스럽지 못한 느낌이 들었던 것입니다.

　코로나19 변이바이러스에 대한 빠른 안정기를 오매불망 기다리다가 4단계로 격상되니 자연에 나가 마음 놓고 느낄 수 없음이 조급함으로 다가오고, 아랑곳하지 않고 해외여행이나 제주도 여행을 다녀오는 분들의 이야기를 마냥 함께 기뻐해 줄 수만은 없었으며, 그분들도 사회적 안정기 유도에 동참해야겠다는 의지가 강요가 아닌 자연스럽게 마음에서 우러나오길 기다려 주는 시간이 필요할 것이라는 생각이 들었습니다.

어떠한 일이든 물 흘러가듯이 자연스럽게 이루어지는 것들이 결과도 가장 좋았던 경험 값으로 착안해 볼 때《자연에서 배우다》야말로 가장 자연스럽게 접근해야 한다는 생각이 들었습니다.
그래야만 이《자연에서 배우다》의 여러 가지 글 중에서 가장 자연스러운 글이 가장 좋은 글이 될 것임은 너무도 뻔한 자연의 이치가 될 것이므로 초심을 잃지 않고 자연에 다가서야겠다는 생각을 하게 된 것입니다.

이러한 연유로 한 열흘 정도 절필을 하고 자연에서 떠오르는 잔상들을 무심한 듯 흘려보내고 나니 다시 초심의 편안하고 자연스런 마음으로 돌아올 수 있었으며. 이제는 자연스러움이 무엇인지, 자연스러움이 얼마나 중요한지가 자연스럽게 보이기 시작했습니다.

올 초부터 새로 관심을 두기 시작한 뱅갈고무나무 성장을 지켜보면 자연스러움이 무엇인지 잘 대변해 줍니다.
이유는 모르겠으나 간혹 어쩌다 생생하던 잎이 마르는 경우가 있는데 보기 싫다고 잎을 강제로 떼어주면 잘 떨어지지도 않을뿐더러 상처 난 부위에서 하얀 고무나무 진액이 흘러나와 더욱 신

자연에서 배우다

경 쓰이는 결과가 발생합니다.

　그러나 가만히 내버려 두면 스스로 잎이 적당한 시기에 자연히 깔끔하게 떨어져 뒤처리로 손쓸 일이 전혀 없게 됩니다.

　화분의 난초도 관심을 끊고 내버려 두면 눈길을 자주 줄 때보다 어느새 새로운 촉들이 여기저기서 올라오고 있는 것을 볼 수 있고, 가만히 내버려 둔 석류나무에서 더 많은 꽃을 볼 수 있는 것도 자연스런 자연의 이치라는 생각이 듭니다.

　산속의 거미가 어두워지면 밤새 거미줄을 부지런히 쳐놓고 곤충 사냥을 하는 것처럼, 우리 인간들은 밤새 충분한 휴식과 꿀잠을 취하면서 야행성 동물들과 거미들의 사냥시간을 벌어주는 것이, 어쩌면 우리 인간이 생태계를 교란시키지 않고 자연의 이치를 거스르지 않고 따르는 자연스러운 삶이겠다는 생각을 친구랑 함께한 찻자리 대화에서 배웠습니다.

　우리 **아이들도 내 소유물이 아닌 자연의 일부로 여기면서 적당한 거리를 두고 관심과 정성을 쏟는다면 아마도 더 자연스럽게, 보다 더 멋지게 성장할 수 있을 것**이라는 생각도 조심스럽게 해봅니다.

자연은
훌륭한
디자이너

새잎이 돋아나기 전부터 자연은 디자이너가 되어 어떤 싹을 틔울지에 대한 창조적인 작업에 몰입하는가 봅니다.

새잎이 돋아나는 순간은 마치 무에서 유를 창조해 내는 조물주의 창조적인 작업의 순간을 목격하는 것이나 마찬가지라는 생각이 듭니다.

자연이 디자인한 것 중 가장 돋보이는 다양한 디자인은 갖가지 서로 다른 모양과 다른 무늬와 다른 색감을 지닌 식물의 잎인 것 같습니다.

식물의 잎을 한 장 한 장 자세히 살펴보면 어쩜 이리도 각양각색인지 놀라울 뿐입니다.

자연에서 배우다

어떤 잎은 넓적하게 디자인하고 어떤 잎은 길쭉하게 또는 뾰족하게, 또 다른 잎은 매우 작고, 어떤 잎은 동글동글하게, 둥글둥글하게 디자인했습니다.

억세거나 여리디여린 잎으로, 축축 늘어지거나 하늘하늘 한 잎, 두꺼운 잎, 단색 잎, 혼합색 잎사귀 등 식물 종류에 따라 각각 똑같은 잎을 가진 식물은 찾아볼 수 없을 정도로 서로 다릅니다.

잎맥이 선명하거나 흐릿하게 보이거나 촘촘하거나 성기게 보이는 등 각각 다르고, 특히 개암나무 잎은 크고 작은 뾰족뾰족 뾰족뾰족 뾰족한 모양의 극치를 달리도록 디자인되어 있습니다.

어떤 잎은 둥글다 뾰족하게 디자인하고 또 어떤 잎은 하트 모양으로 디자인하다가 그것도 모자라 작디작은 하트 모양을 여러 장 붙여서 디자인해 놓기도 했습니다.

법정 스님 글에 영감을 가장 많이 주었다는 후박나무 잎은 넓적한 잎들이 마치 꽃잎처럼 둥글게 붙어 있어 아름다우면서도 풍성함과 후덕함이 느껴지는 느낌까지 디자인 속에서 묻어나고 있습니다.

아카시아 잎과 단풍잎은 또 어떤지 감탄사만 나올 뿐이고, 봉숭아 잎, 채송화 잎, 은행잎은 어떤 디자인이든지 뛰어난 창의성에 놀라게 되고, 장미꽃 잎과 튤립 잎사귀를 굳이 말로 표현하지 않더라도 자연이 정말 훌륭하고 멋진 디자이너임엔 모두 동감하실 것입니다.

제가 만일 미술 선생님이라면 자연이라는 훌륭하고 멋진 스승님을 모시고 식물의 잎들부터 관찰하고 그려보도록 권유할 것입니다.

　이미 자연은 자랑스럽고 멋진 존경하는 제 스승님이십니다.

자연에서 배우다

사랑해야만
하는 자연

자연을 아끼고 사랑해야만 하는 이유는 너무도 분명합니다.

자연은 궁극적으로 우리가 돌아가야 할 영원한 휴식처이자 안식처가 될 곳이기 때문입니다.

인간의 70%가 물로 구성되어 있으므로 수분이 모두 증발해 버리고 난 후의 인체는 결국 부서지고 가루가 되어 흙으로 돌아가게 됩니다.

그 인체의 유기성분들은 흙 속의 어떤 식물들의 뿌리를 통해 식물의 성장을 돕게 되거나 땅속의 곤충이나 유기체들의 먹이가 되어 결국 자연과 나는 하나가 되는 것입니다.

자연과 내가 하나가 되는 것은 시간의 차이가 있을 뿐 그 어느 누구도 거스르지 못하는 자연의 섭리이므로 이렇게 접근하면 죽음이 그리 무서운 것이 아님을 느끼게 됩니다.

　어릴 적 고향에서 자주 뵙던 100m 정도 거리의 옆집에 살던 두 모자가 코로나 감염증으로 갑자기 사망했다는 비보를 듣고 우울해하다가 스스로를 위로하기 위한 궁여지책으로 해낸 생각이 서로 가는 시간만 다를 뿐 결국은 흙으로 돌아간다는, 그래서 자연과 하나가 된다는 결론에 이르게 된 것입니다.

　제 마음이 이런데 서로 오가며 늘 마주 보고 살았던 우리 어머니 마음은 오죽할까 싶어서 가끔 위로해 드리고 싶었지만, 갇혀 사는 것이나 마찬가지이신 답답한 생활에 잠시라도 떠올리지 않고 잊고 사시게 하는 것이 현명할 것 같아 무덤덤하게 전화만 드리고 있습니다.

　머리로만 이해하던 자연으로 돌아간다는 말이 피부로 느껴지고 마음으로 이해가 되니 저도 남의 말을 순순히 받아들이게 된다는 이순(耳順)이 멀지 않았거나 마음이 많이 순화되었거나 둘 중의 하나인 것 같습니다.

　자연을 사랑하고 아껴야만 하는 이유는 내가 곧 자연이요 자연이 곧 나이기 때문입니다.

　어찌 사람이 죽어서만 자연과 하나가 되겠는지요. 살아서도 자연과 하나가 될 수 있다고 생각됩니다. 그러니 제가 자연의 일부

　　　　　　　　　　　　　자연에서 배우다

로 생각하는 만큼 자연과 저는 하나인 것이나 마찬가지라는 생각이 듭니다.

　이렇게 생각에 생각을 거듭하다 보니 자연의 일부분인 자신을, 자신의 일부분인 자연을 사랑하고 아끼는 일은 너무나 당연한 자연의 이치이자 자연의 순리를 따르는 것이라는 생각에 미치게 됩니다.

좋은 차를
마시면

저는 먹거리 중에서 물을 가장 중요하게 생각합니다,

인체의 70%가 물로 구성되어 있는 과학적 증거를 배제하고 생각해 보더라도 해독 등 물은 가장 중요한 역할을 하는 것 같기에 깨끗한 물을 마시려하고 있습니다.

방금 전 밥을 푸면서 물에 대해 퍼뜩 떠오르는 잔상들이 아침 식탁에서의 대화를 풍요롭게 만들어 즐거운 식사를 마칠 수 있었습니다.

찹쌀이 섞인 햅쌀이라는 것을 깜박 잊고 평소대로 밥물을 맞추었더니 진밥이 되었습니다.

식구들은 모두 고슬고슬한 밥을 좋아하고 더구나 육개장에 말

자연에서 배우다

아 먹으려면 고슬 밥이 좋은데, 뽀얀 쌀뜨물에 기분이 들떠있는 상태에서 올해 들어 첫 햅쌀밥을 짓다 보니 무심코 평소와 같은 양의 물을 부었던 것입니다.

 갓 출하된 햅쌀이 밥물을 적게 먹는 이치라면 태어나서 늙어가는 나의 인체에는 더 많은 물이 필요하겠다는 생각이 들어 냉수에 온수를 약간 섞어 천천히 한 컵 들이켰습니다.
 늦게라도 좋은 물을 먹고 이렇게 좋은 생각을 하려고 노력이라도 하니 얼마나 다행인지 모르겠습니다. 좋은 물을 혼자만 먹지 않고 카메룬 어린이와 식물에게도 나누어 주고 있으니 또한 다행이라는 생각도 듭니다.

 물을 여유롭게 자주 마실 수 있는 방법 중 하나가 차를 마시는 일입니다. 바쁜 시간 속에서 차 한 잔이 주는 작은 여유는 큰 즐거움을 줍니다.
 문득 '좋은 차를 마시면 더 좋은 생각을 하게 될까?' 하는 엉뚱한 생각이 들었습니다.
 꽃차를 마시면 더 아름다운 생각을 하게 될까?
 전통차를 마시면 좀 더 깊이 우러난 생각이 떠오를 것 같고…….
 맛있는 커피를 마시면 왠지 세련된 사고를 할 것만 같습니다.

 혼자 마시는 차는 무심 또는 깊은 생각을 할 수 있고 친구와 함께 마시는 차는 사고의 폭이 넓어짐을 익히 경험으로 알고 있었지만 그동안 무심코 아무 생각 없이 마셨던 수많은 차들이 수십 년 동안 한 잔 한 잔 쌓여 좋은 생각들로 넘쳐난다면 참 좋겠다는 생각을 하게 됩니다.

그렇게만 된다면 소가 물을 먹고 흰 우유를 만들어 낸다는 아주 단순한 가르침에서 나는 물을 마시고 무엇을 만들어 내고 있는지를 돌이켜보며 한심해하지 않아도 될 것입니다.

앞으로는 물을 마시지 말고 소처럼 천천히 먹어봐야겠습니다.

무심코 마셨던 차 한 잔을 가끔은 의식적으로 좋은 생각을 하면서 감사한 마음으로 마셔봐야겠습니다.

차 문화가 발전하면 나라가 융성해지고 술 문화가 발전하면 나라가 망한다는 말이 있으니, 그런 의미에서 **오늘은 우리나라의 정신건강을 위해 차를 우립니다.**

인간사는
자연과
닮은 듯

꽃이 핀다고 해서 모두 열매가 맺히는 것은 아닙니다.

설령 열매가 맺혔더라도 도중에 낙과를 하며 결실을 맺기까지는 햇빛, 바람, 비 등을 받아들이고 버티면서 인고의 시간이 필요합니다. 이것이 자연의 이치인 것입니다.

사람도 자연과 마찬가지로 결혼을 했다고 모두가 잉태할 수 있는 것이 아니며 임신이 되었다면 감사한 마음으로 끝까지 지켜낼 수 있도록 인내하는 것이 자연의 이치를 따르는 것입니다.

이렇게 우리가 자연의 이치를 이해한다면 행복과 불행의 사이에서 휘둘리지 않고 조금은 덜 흔들리면서 이 세상을 살아갈 수 있을 것입니다.

꽃이 핀다고 모두 열매를 맺는 것이 아닌 것처럼 인간사 자식의 유무도 자연과 닮은 것 같습니다.

꽃이 피면 지는 것이 영원한 자연의 이치인 것처럼 태어났다 죽는 것도 자연의 이치이므로 받아들이는 수밖에 없습니다.

그러므로 **영원히 피는 꽃은 없듯이 영원한 행복도 없고 영생도 없는 것이 만고의 진리**인 것입니다.

자연에서 배우다

푸른
달항아리

   달을 닮은 달처럼 둥글고 커다란 항아리를 달항아리라고 합니다.
   이천 도자기축제에서 한 치의 망설임 없이 첫눈에 반해 모셔온 천 마리의 학이 그려져 있는 달항아리가 있는데 보면 볼수록 기분이 좋아지는 푸른 도자기입니다.

   도공이 천 마리의 학을 그려 넣을 때에는 얼마나 많은 정성과 공을 들였을까 생각하게 되고 일사불란하게 간격을 맞추어 오차를 식별할 수 없을 정도로 학을 둥근 항아리에 넣으려면 흙을 반죽할 때부터 철저한 계획 아래 수학적 과학적 지식까지 동원해야 했을 도공의 마음을 헤아리게 됩니다.
   이 달항아리는 도공의 수많은 작품이 아니라 천 마리의 학을 품은 도공의 마음을 보는 듯해 무조건 건강해야 할 것만 같은 생각이 들어 볼 때마다 기운이 샘솟고 웃음이 납니다.

　제 두 팔을 감싸 안아도 남을 만큼 커다란 달항아리에 몇 년 전부터 매일 좋은 생각들을 담으려는 노력을 시도했습니다.
　좋은 생각들이 쌓이고 쌓이면 왠지 복이 되어 돌아올 것만 같은 예감이 들어, 아니 어쩌면 복을 가득 채우고 싶은 욕심이 먼저였다는 것이 솔직한 심정일지도 모르겠습니다.
　아무튼 매일 좋은 생각을 하다 보니 좋은 생각들이 쌓여 2021년 한해에 책을 3권째 집필하는 중인 걸 보면 정말 생각대로 복을 받고 있다는 느낌이 들며, 권력 앞에서 편 가르기와 줄서기를 제일 싫어하는 제게 점점 신은 제 편이라는 가장 강력한 줄서기를 저절로 자연스럽게 하고 있는 새로운 저를 발견하게 되었습니다.

　방학 없이 휴가 한 번 편히 쉬어보지 못한 교직 생활과 사람들에게 진이 빠지고 삶에 지쳐 건강을 잃게 되어 예전보다 사람 만나는 것을 줄이고 의식적으로 식물 곁에서 생활하고 자연 속에서 생각하면서 살아보았더니, 식물을 닮고 자연을 닮은 삶을 살아야겠다는 생각이 저절로 싹트며, 이러한 생각으로 마음을 비우고 옷장을 비우니 다시 마음은 웃음으로 옷장은 아들들의 선물로 채워지고 텅텅 비어 무너지려던 곳간도 튼튼한 벽돌로 한 단 두 단 차곡차곡 쌓아지고 있어 후년쯤이면 탄탄한 곳간으로 완성되어

자연에서 배우다

크게 한 번 더 웃게 될 것이라는 판단이 섭니다.

누군가에게는 한낱 달항아리에 불과하겠지만 제겐 소중한 건강과 행복, 꿈을 담은 마음 덩어리이자 희망 덩어리 달항아리입니다.

저렇게 아름다운 달항아리가 뜨거운 가마에서 불순물이 제거되며 단련되어 우아한 청잣빛을 발하듯이 온갖 세파에 시달리며 살아온 단단할 때로 단단해진 저를 깨지지 않도록 보호하기 위해선 마음의 유연성이 가장 필요했던 것입니다.

단단하고 유들유들한 마음으로 다시 채우고 달항아리를 닮은 넉넉한 그릇이 되어 청소년들의 꿈과 고민인 마음까지도 담아서 헤아려주고 어루만져줄 수 있는 넉넉한 사람이 되고 싶다는 생각을 요즘은 자주합니다.
그러나 **서두르지 않고 나서지 않으면서 예전처럼 제 삶 앞에 자연스럽게 다가오는 것부터 차례대로 차곡차곡 정성스럽게 해 나가야겠다는 생각**을 하고 있습니다.

이것이 자연의 이치요 순리에 맞게 사는 제 삶의 방식이요 신념이기 때문입니다.

뽑이라는 것

　화분의 식물이 꽃 피고 난 후 꽃이 시들면 저는 꽃송이와 대를 잘라버렸었습니다. 그러나 최근에 옳은 방법이 아님을 알게 되었습니다.

　꽃이 핀 식물을 보기 싫더라도 그대로 놔두면 열매가 맺히거나 아니면 시들어 마르게 됩니다. 이렇게 보기 흉한 마른 꽃송이만 잘라버리거나 일정 기간 그대로 두었다가 힘껏 잡아당기면 쏙 뽑아지며 더 바짝 마른 후 뽑으면 더욱 쉽게 쏙 뽑힙니다.
　이렇게 쏙 뽑힌 마른 꽃대는 매끄럽고 어찌나 질긴지 옛날에 짚신처럼 꽃대를 신으로 삼으면 오래 신을 수 있었을 것 같습니다.

마른 꽃대가 뽑힌 스파트필름 줄기에는 아무런 상처나 흔적도 남지 않게 되며 여전히 싱싱한 줄기로 남게 됩니다.

우리 집에서 7년 정도 자라고 있는 스파트필름이 이제는 1년 내내 지속적으로 꽃을 피워내므로 수시로 마른 꽃대를 뽑아버리다 보니 이러한 사실도 알게 되었으며 오래된 궁금증 한 가지가 풀렸습니다.

스파트필름 마른 꽃대를 뽑으면서 논에 벼와 비슷한 생김새의 '피'라는 잡초를 한여름 무더운 여름날에 쏙쏙 뽑아내시던 마을 어른들의 모습이 연상되었습니다.

피를 뽑아내는 것이나 마른 꽃대를 뽑아버리는 것이나 식물의 줄기구조의 원리는 마찬가지일 것이라는 가정하에 조금 더 생각을 하게 되었고, 이러한 가설을 세워 접근했더니 식물의 구조를 경험으로 터득하게 되었으며, 드디어 어렸을 적 풀밭에서 뽑아 먹던 뽐에 대한 궁금증이 풀렸습니다.

뽐은 나란히 맥 식물들의 꽃이 피어날 일종의 꽃잎들이 될, 다시 말하면 어미 몸속에 들어 있는 태아처럼 나란히 맥 잎들이 될 꽃받침이나 어린잎 속에 들어 있는 태화(아기씨 꽃)라고 미루어 짐작할 수 있을 것입니다.

통통하면서 길쭉한 초록 잎들을 손톱으로 가르면 하얀 솜털 같은 식물이 들어 있었는데 이 하얀 솜털 같은 물질을 꺼내 먹으면 싱그러운 풀냄새가 났으며 엄청 연해서 목구멍으로 술술 넘어갔습니다.

　이 하얀 솜털 같은 꽃 아기씨가 얇은 초록색의 어린잎에 둘러싸인 채 점점 자라서 통통해지고 길어져 따뜻한 봄날 세상 밖으로 나오게 되며, 쑥쑥 자라서 여름 지나 가을이 되면 바람에 흔들리는 멋진 갈대꽃이나 억새꽃이 되는 것이고, 이러한 아기씨 꽃을 우리들이 뿜이라고 부르며 뽑아먹었던 것입니다.

　이렇듯 **어떤 한 가지 것을 잘 알게 되거나 한 가지 일을 잘 알게 되면 다른 별개의 것들도 잘할 수 있다는 연관성**을 알게 되었습니다.
　그렇다면 수학을 잘하는 사람이 과학도 잘한다는 원리로 해석해도 무방할 것 같습니다. 한 과목을 심도 깊게 공부해서 잘한다면 다른 과목도 같은 방법으로 깊이 있게 공부할 것이므로 잘할 수 있게 되는 것이라는 생각을 자연으로부터 알 수 있게 된 것입니다.

　진작 이러한 원리를 이해할 수 있었다면 좀 더 공부를 수월하게 잘 할 수 있었으리라는 아쉬운 마음이 듭니다만 학교공부가 아닌 마음공부라도 다를 바 없으리라는 생각에 마음이 편안해집니다.

　　　　　　　　　　　　　　　　　　　　　　自然에서 배우다

자연의
닉네임

  자연에서 배우면서 이미 저는 자연은 백과사전이요, 갖가지 소리를 만들어 들려주는 음악가이자 훌륭한 디자이너라고 명명한 적이 있습니다.
  그러고 보니 자연에 대한 수식어가 참 많다는 생각이 들어 자연에 대한 잔상을 닉네임으로 만들어 정리해 보기로 했습니다.

  자연은 그 누구도 흉내 낼 수 없는 색감을 잘 쓰며 이 세상에서 가장 아름답고 멋진 그림을 그리는 독보적인 위대한 화가이자 설치 예술가라고 말하고 싶습니다.
  자연은 잎이 돋고 꽃이 피기 전에는 색의 마술사가 되어 갖가지 재주를 부리다가 꽃이 피어난 순간은 향기를 만드는 조향사가 되어 있습니다.

자연의 시계에 때를 맞춰놓고 농사를 짓거나 따라가 보면 때로는 우리에게 24절기까지 가르쳐 주는 믿음직한 명품시계가 되어 주기도 합니다.

대지에 팔 벌려 누워 있으면 때로는 포근한 엄마 품이 되었다가 갑자기 천둥과 번개를 동반한 심판자가 되어 인간을 두렵게 만들기도 합니다.

어제처럼 날씨가 오락가락 비를 뿌리며 해님이 들락날락거릴 때는 장난꾸러기이자 변덕쟁이 또는 여우가 됩니다.

자연은 동식물과 만물이 생성하고 유지할 수 있도록 도와주는 보물창고입니다. 자연은 지구를 갖고 노는 어린아이 같은 마술사가 되어 꽃밭을 만들었다가 한증막이나 저온창고로 바꾸기도 하고 오곡백과 풍성한 초대형 곳간이 되어 수많은 먹거리를 내어주기도 하는 지구에서 제일 큰 보물창고가 됩니다.

또한 자연은 천하장사가 되어 산을 무너뜨려 커다란 바위를 옮겨 놓고 해안선이나 지형을 바꾸기도 하며 건축조형사가 되어 동굴을 빚고 물길을 새로 내기도 합니다.

때로는 청소부를 자처하며 성난 폭우로 가축 냉장고 심지어는 집이나 자동차 미세먼지까지 휩쓸어 물청소를 합니다.

자연에서 배우다

자연은 어머니 품이 되어 대지에 떨어진 씨앗을 싹틔워 생명을 살리기도 하고 바람에 나무를 쓰러뜨려 뽑아버리기도 합니다.

　잠잠하게 있다가도 때로는 매우 강력한 힘을 동원해서 홍수나 극강의 더위와 추위로 동식물의 생명을 앗아가기도 하는 종잡을 수 없는 미치광이가 되기도 합니다.

　좀 더 직설적으로 표현하자면 자연은 모든 생명을 죽이고 살릴 수도 있는 심판자이기도 합니다.

　그렇지만 자연은 우리의 영원한 마지막 보금자리이자 안식처가 될 것입니다.

　원효대사와 세종대왕, 이순신 장군 신사임당 등 선인들께서 자연으로 돌아가 흙이 되셨듯이 저도 가벼운 마음으로 기꺼이 흙이 되어 자연과 하나가 될 것임은 뻔한 자연의 이치이기 때문에 자연은 우리의 보금자리라고 할 수 있습니다.

　생각하면 할수록 더 많은 닉네임을 떠올릴 수 있겠지만 뭐니 뭐니 해도 자연은 대자연을 원만하게 맞물려 돌아가게 하는 천재 과학자이자 만물박사임이 분명합니다.

　그렇지 않고서야 지구상의 모든 생물과 우주 만물이 이렇게 질서 있게 자연적으로 생성소멸 할 수 있을는지 반문하고 싶습니다.

　마지막으로 자연은 지구에 꼭 필요한 영원불멸의 보석이라는 닉네임을 붙였습니다.

낮에는 눈부시게 빛나고 밤에는 은은하게 또는 반짝반짝 빛나며 반딧불처럼 움직이며 빛이 나는 것도 있습니다.

때로는 갓 돋아난 초록 잎으로 빛나고 향기를 뿜으며 빛나는 꽃들도 있습니다. 이렇게 자연에서 스스로 자체 발광되는 모든 빛나는 것들을 저는 영원불멸의 보석이라고 명명하고 싶습니다.

자연은 영원불멸의 보석입니다.

참 마음에 드는 닉네임입니다.

이렇게 영원불멸의 아름다운 보석을 어루만지면서 급히 서두를 것 없이 천천히 아주 **천천히 애지중지 감상하고 즐기다가 자연스럽게 눈을 감는 것이 자연스러운 삶이며 자연의 이치를 따르는 가장 지혜로운 삶**이 된다는 것을 자연의 닉네임을 통해 터득합니다.

자연에서 배우다

자연과
진로 · 직업교육

　자연에 관심을 갖고 생활하다 보면 자연에서 일어나는 수많은 여러 가지 현상들에 대하여 의문을 갖게 되고 이 궁금증을 해소하기 위하여 검색하거나 공부를 하게 됩니다.

　그것도 그럴 것이 자연은 원시시대부터 인간들이 자연으로부터 오는 위험이나 위협 등을 감지하면서, 또는 안전하게 적응하면서 살아가야 하는 삶의 터전이었기에 인간들의 주된 관심사는 자연의 자연적인 산물 내지 자연의 구조나 기능 및 자연 현상, 자연의 원리, 자연의 이치 등이었을 것이므로 언어, 정치, 경제, 사회, 문화, 과학 등 인간사의 모든 것들은 당연히 자연과 밀접한 관계를 갖게 될 수밖에 없었을 것입니다.

그러니 인간이 자연과 밀접한 관계를 맺으며 적응하고 발달해온 과정들을 역으로 생각해 볼 때 자연은 인간사와 맞어진 백과사전이나 마찬가지 일 것이라는 생각에 도달하게 됩니다.

따라서 청소년들이 앞으로 무엇을 하며 어떤 일을 지속적으로 하면서 삶을 영위할 수 있을까를 생각하는 단계인 **진로교육이나 직업교육의 첫걸음은 자연을 이해하고 알아가는 과정에서부터 출발하고 접근하는 것이 바람직하다는 의견**입니다.

간단하게 식물의 예를 들어보면 식물을 가꾼다는 것은 식물을 심을 때 농부의 심정이 되었다가 새잎이 돋을 때나 열매를 맺을 때는 때론 인공 수정을 통해 산부인과 의사가 된 마음으로 바라보게 되며 꽃이 피면 향기에 관심을 갖게 되는 조향사, 잎과 줄기가 쑥쑥 자라 꽃이 피기까지는 물을 주며 가지치기를 하면서 온갖 병충해로부터 보호해야 하는 등 본연의 식물과 밀접한 원예업종사자가 되기도 합니다.

이렇게 오감을 모두 작동하게 되는 식물과의 교감이 지속되다 보면 다양한 직업군을 경험할 수 있기에 다양한 직업에 관심을 갖고 접근하기 용이합니다.

좋은 흙에서부터 관심을 갖기 시작해 화분, 모종삽, 진드기나 잎마름병 등에 관한 연관된 모든 것들이 직업으로 연결될 수 있는 교육 자료가 될 수 있다고 생각합니다.

인간과 마찬가지로 자연도 스스로 온갖 식물들을 인간보다 더 잘 자라게 하고 잘 가꾼다는 것에 모두 동의하실 것입니다. 그러니 자연에서는 더욱더 많은 체험활동이 가능하므로 궁금한 것도, 하고 싶은 것도 많아집니다.

무엇보다도 자연과 친하게 되면 자연과 소통하고 교감하게 되며, 긍정적인 감정의 다양한 경험을 할 수 있으므로 자신의 생각 변화와 감정 변화를 구체적으로 알아차림 할 수 있기에 진로 결정에서도 나무 가지치기하듯 결단력 있게 판단하고 관심 분야에 집중할 수 있는 추진력이 좋아지므로 직업교육에 자연을 도입하는 것을 적극 권장합니다.

교실 수업에 비하여 시간이 많이 소요되더라도 자연에서의 학습을 권장하는 이유가 여기에 있습니다. 학생들이나 자녀들을 될 수 있는 한 자연에 많이 노출시키고 자연과 친해질 수 있는 시간들을 최대한 제공해 주시기 바랍니다.
자연은 인간에게 필요한 백과사전 역할을 하게 될 것입니다.

자연 속에서 저절로 알 수 있게 되는 것들을
놓치지 않았으면 좋겠습니다.

행복 싹에
물 주기

    떠오르는 그대로 마음이 가는 대로 글을 쓰다 보면 글의 주제와는 멀어지는 글을 쓰고 있을 때가 가끔 있었습니다. 그래도 멈추지 않고 자연스럽게 써 내려갔습니다.

    이렇게 자연스럽게 줄줄 써 내려간 글들은 생각보다 더 좋은 글들이 되었으며 좀 더 잘 써보고자 고민하며 쓴 글들은 오히려 마음에 들지 않는 글이 되어 행복과 멀어지는 경험을 했습니다.

    자연을 바라보며 글을 쓰면서 자연을 우러러보게 되고 여기서 배운 수확이 있다면 잘 되려면 모든 것이 저절로 잘 되더라는 것입니다.

    욕심이 들어가면 모순된 글이 나오고 화가 들어가면 글이 엉기

자연에서 배우다

는 것처럼 마음을 비우고 자연을 바라보니 모든 것들이 질서정연하게 다가와 배움의 소재가 된다는 것을 터득했습니다.

자연에서 무엇을 배우게 될지 설렘으로 시작했던 글은 점점 너무도 뻔한 자연의 이치로 들어가고 있기에 빠져나오려고 노력하지 않고 그냥 그때마다 떠오르는 생활 속의 잔상들을 놓치지 않으려고 노력했습니다.

초심은 세계 곳곳을 여행하며 처음 대하는 자연들을 소재로 삼고 싶었지만 코로나19로 인하여 우리나라의 자연 속에도 쉽게 묻힐 수 없어 아쉬움이 컸으나 크게 욕심내지 않고 가장 보편적이고 일반적인 자연을 소재로 접근할 수 있었던 것이 제 학문의 깊이로 볼 때 오히려 잘된 일인 것 같습니다.

자칫하면 너무나 방대한 자연 속에서 허우적대다 허망하게 끝낼 수도 있었겠지만 욕심을 버리고 쓴 이《자연에서 배우다》를 시작점으로 앞으로는 더욱 낮은 자세에서 첫 마음을 낼 수 있을 것 같습니다.

자연에서 배운 가장 큰 수확은 있는 그대로의 자연 속에서 자연의 일부로 자연스럽게 살아가는 것이 자연의 순리를 따르는 것이며, 서두르지 말고 때를 기다리며 자연의 이치를 터득하면서 살다 보면 행복의 씨앗은 저절로 싹이 터서 굴러들어 올 것이라는 희망적인 생각입니다.

저절로 굴러들어 온 행복의 싹에 정성껏 물을 주지 않으면 행복이 잘 자라지 못하는 것도 자연의 이치임을 우리는 알아야 될 것입니다.

행복이라는 새싹을 잘 가꾸려고 애쓰지도 마시고 자연스럽게 자랄 수 있도록 그냥 내버려 두시기 바랍니다.

애쓰는 그 자체가 행복과 멀어지는 길이며 자연의 이치에 역행하는 것임을 명심하시기 바랍니다.

무엇보다도 지금 당신의 곁에 행복이라는 친구가 다가와 웃고 있다는 것을 빨리 알아차림 하는 것이 가장 중요합니다. 대부분의 사람들이 자기 곁에 행복이 앉아 있다는 것을 모르고 살아가고들 있다는 것이 가장 큰 불행임도 아셨으면 좋겠습니다.

가장 가까이에 있는 소소하고 평범한 일상적인 것들이 작은 행복의 새싹이므로 부지런히 물을 주어 큰 행복으로 키워나가는 기쁨을 만들어 누리시기 바랍니다.

자연에서 배우다

잔잔한
잔상

    한쪽 벽을 장식하며 멋지게 자라던 몬스테라 열두 장에서 각각 일곱 장과 다섯 장을 잘라 두 개의 특대형 화분에 분갈이 이식을 하고 처음으로 후회를 했습니다.

    화분의 가치가 떨어졌을 뿐만 아니라 잘린 단면의 상처를 보기가 안쓰럽고 잎의 위치도 산만해 보기 흉했으며 화분 두 개가 자리도 많이 차지해서 좋은 점보다 단점이 더 많았기 때문입니다.

    몬스테라 열두 장에서 잘려나가 분가한 화분의 다섯 잎은 스스로 움직여 균형감을 유지한 채 윤기가 좔좔 흐르면서 벌써 두 장이나 새로운 잎이 탄생해 활기가 넘치며 우아하고 무성하게 잘 자라고 있습니다.

한편 분가시키고 남은 본가 화분의 일곱 잎은 처음엔 원기 왕
성하게 두 장의 새잎을 한꺼번에 돋아내며 축제 분위기를 만들더
니 시름시름 두 장이나 병이 들어가고 있으며 나머지 잎들은 스
스로 위로 올라오지 못한 채 축 처진 것이 마치 아들 장가보내고
텅 빈 집에 남은 부모님의 허전한 마음이 보이는 것 같아 마음이
짠해집니다.

그러나 이러한 몬스테라를 보면서 깨달은 점이 있다면 **식물은
대가족이 함께 모여 자라는 것이 더욱 풍성하고 멋짐 폭발하듯이
사람들도 대가족이 어울려 함께 사는 것이 더욱 귀하고 조화로운
멋진 삶이 될 것**이며 특히 노년에는 모두 함께 모여 사는 것이 더
욱 삶을 풍성하게 만들 것이라는 생각을 한 것입니다.
　물론 그 뒤에는 누군가의 희생과 정성이 뒷받침되어야 가능하
거나 서로서로 아끼는 온 가족의 사랑과 배려가 바탕이 되어 튼
튼한 버팀목이 되어주어야 만이 대가족의 멋진 삶을 누릴 수 있
게 될 것이므로 단지 이상적인 생각일 뿐입니다.

과거의 당연했던 대가족 삶이 가치관의 대변화가 있어야만 가
능하게 된 현실을 받아들이면서 마냥 웃을 수만 없는 씁쓸한 생
각이 스쳐 지나가는 것을 보니 정말 두 아들을 마음으로부터 해
방시키고 있다는 느낌을 받습니다.

포도밭의
단풍

컴퓨터를 켜면 훅 들어오는 화면 풍경이 매일 바뀝니다.

단풍이 물든 멋진 붉은 숲이 화면 가득 채우기에 '정말 가을이 왔구나!' 실감하고 있던 차에 오늘은 포도밭의 가을이 성큼 다가왔습니다.

포도밭에 단풍이 들면 일렬로 줄지어 선 나무들이 마치 연병장에서 사열을 하는 병사들처럼 줄지어 제게 다가오는 듯 재미있고 신기하면서도 진귀한 난생처음 만난 가을 풍경입니다.

가을의 포도밭처럼 제가 미처 생각하지 못하고 경험하지 못한 가을 단풍 풍경이 곳곳에 있을 것이라는 생각에 가슴이 뜁니다.

쉽게 갈 수 있는 새로운 여행지가 가까운 곳곳에 널려 있는데

미처 생각하지 못하고 그동안 코로나19로 인하여 출입국이 되지
않는 해외여행지의 개방만을 기다리고 있었으니…….

몇 년 전 봄 친구랑 갔던 산수유 마을에 '조금 있으면 단풍이
예쁘게 들겠구나!'
산수유 꽃피는 봄에만 마을을 찾으려 했던 제 생각이 얼마나
고정관념에 정형화 되었는지를 알 수 있는 계기가 되었으며, 이
렇게 생각을 조금만 바꾸면 꼭 먼 곳의 여행지가 아니더라도 가
까운 곳에서 산책만으로 새롭게 누릴 수 있는 행복이 많아질 것
같습니다.

포도밭의 가을 단풍을 보며 고정관념을 버려야겠다는 생각을
하면서 빙벽 타기로 유명해 겨울에만 찾았던 강촌 봉화산 근처
구곡폭포를 떠올립니다.
내년 가을에는 빙벽 타기 풍경에서 가을 단풍 풍경으로 바꿔
즐겨야겠습니다.

자연에서 배우다

광고

    TV 광고가 나오면 채널을 돌리는 편입니다만 요즘 자연을 주제로 한 잠시라도 자연에 푹 빠지게 하는 한 광고 캠페인은 끝까지 보고 있습니다.

    이 캠페인에는 요즘 너무나 가고 싶은 익숙한 바다와 초록 물결이 이는 풀밭이나 언덕들을 배경으로 연기자가 메시지를 던지기 때문에 눈을 뗄 수 없을 정도로 빠져들고 있었습니다.

    그런데 오늘 멋진 풍경에 빠져 캠페인을 무심코 보다가 마지막 부분에 들리는 멘트에 깜짝 놀랐습니다.

    "바람이 말을 합니다. 곧 태풍으로 변할 수 있다고요."

"바람이 말을 합니다. 지금의 순풍이 삽시간에 폭풍이 될 수 있다고."

맞는 말이긴 한데 무시무시한 압박감을 느낄 수 있는, 의미 있고 깊이 있는 캠페인이었습니다.

이 캠페인은 투자에 신중하라는 뜻의 전달 메시지라서 다행이지만 어른인 나도 이렇게 무심코 미디어에게 세뇌되어가고 있었다고 생각하니, 판단력이 부족한 어린아이들에게는 상업적 광고가 심각한 일이 아닐 수 없겠다는 생각이 들었습니다.

자연의 아름다움을 배경으로 자연의 가장 장점인 자연스러움을 부각시키면서 보이지 않는 그 무엇까지 떠오르게 하며 있는 그대로를 의인화해 깊이 있는 울림이 전달되어 참 좋았으며, 오랜만에 질 높은 광고가 나왔다고 좋아하며 본 캠페인이라서 인상 깊게 오래 남을 것 같습니다.

그리웠고 가고 싶던 자연을 영상으로 담아 생생하게 전달되는 멋진 풍경이 또 보고 싶어서 이렇게 캠페인을 기다렸다 보기는 처음 있는 일입니다.

아마도 제 마음을 사로잡을 수 있는 자연을 닮은 자연스러운 광고가 제작된다면 분명 대박 나는 성공적인 상품 판매가 될 것이라는 생각을 하게 됩니다.

자연에서 배우다

극락조의
스트레스

　신비스런 새를 닮은 꽃이 피는 극락조는 우리 집에서 가장 귀
한 대접을 받는 상전이었습니다.

　계곡 풍이 갑자기 불어오는 집이라 행여나 거센 바람에 커다란
잎이 다칠세라 극락조 가지가 부러질까 봐 거실 환기로 여는 창
문도 활짝 열어젖히지 못할 정도로 조심했습니다.

　그런데 꽃이 피고 난 뒤 2년이 지나도 다시 피지 않기에 검색했
더니 영하에서 40일 정도 견뎌야 꽃이 핀다기에 지난겨울 과감하
게 베란다로 내보냈습니다.

　아무래도 베란다는 거실보다 제 시선이 가끔 머무는 곳이고 너

무 떠받들어 키우다가 자주 들여다보지 않았으니 극락조가 비록 식물일지라도 섭섭한 마음이 들겠다는 생각이 들었습니다.

그러나 아름다운 극락조 꽃을 다시 보고 싶은 욕심에 이중 창문이 아니라서 한여름 뜨거운 햇살을 그대로 받는 베란다에 그냥 두는 수밖에 별도리가 없었습니다.

햇볕이 쨍쨍 들이비치니 거실보다는 많은 스트레스를 받을 것이 뻔한 일입니다. 올여름에도 극락조 꽃피길 기다렸으나 영하에서 견뎌내야 하는 시간이 부족했는지 아니면 스트레스 때문인지 꽃이 필 기미가 전혀 보이지 않았습니다.

극락조가 베란다에서 잘 적응하도록 보살피면서 충분한 시간을 주고 기다려 준 뒤에도 새로운 잎만 돋아날 뿐 꽃대는 감감무소식이기에 길고 긴 올겨울의 추위를 잘 버텨낸 후 내년 여름을 기대하면서 극락조 꽃과의 설레는 만남은 단념했습니다.

이러한 가운데 시간은 어김없이 흘러 극락조 세 포기에 앞다투어 새잎이 돋아나 빽빽하게 자라나니 화분이 비좁게 느껴지고 자꾸 축축 늘어지는 기다란 줄기들로 인해 자리를 많이 차지하면서 베란다의 다른 식물들에게도 방해되기에 힘든 결정을 내려야만 했습니다.

드디어 말라 비틀어져 가는 극락조 잎이나 부러졌다 회생해 다른 줄기에 기대어 자라고 있는 부실한 줄기들을 포함해 다섯 대나 과감하게 모두 잘라주었습니다.

자연에서 배우다

잎에만 문제가 있었지 싱싱하고 건강한 극락조 대를 면도칼로 잘라냈으니 얼마나 스트레스를 받았을까 하는 생각과 함께 그때 받은 스트레스로 인해 다시 꽃을 피워내지 않고 있는 것일지도 모르겠다는 반성을 하게 됩니다.

분갈이를 해줘야 하는 상황이나 더 이상의 스트레스는 해로울 것 같아 내년 봄까지 기다리기로 했습니다.

경험에 의하면 식물이 위기의식을 느끼면 꽃을 피우거나 새싹을 내보냅니다. 그래서 싱싱한 줄기를 자를 결단을 내렸던 것인데 예상했던 바와 다르게 멋진 극락조 꽃은 피어나지 않았습니다.

예상은 빗나갔지만 새잎이 돋아나면서 기이한 현상을 볼 수 있었습니다. 극락조 한 포기에서 세 대의 줄기를 잘라냈더니 돋아난 지 얼마 되지 않은 어린줄기에서 급히 새싹이 돋아나는 것이었습니다.

급하게 돋아난 이 싹은 전에 잎이 올라오던 모습과는 달리 뾰족뾰족한 것이 모여 돌돌 말린 채 올라오기에 처음엔 잎대가 올라오는 줄 알고 잔뜩 기대했었지만 곧 잎이 돋는 것임을 알게 되었고 별다른 감흥 없이 꽃대가 자라는 모습을 지켜보고 있었습니다.

그런데 잎이 퍼드러질 무렵 난생처음 보는 잎의 생김새에 깜짝 놀랐습니다. 잎이 자라고 있는 중이라 아직까지 완전하게 펴지지 않고 엉겨 붙어 있는 가운데, 분명 줄기는 한 대인데 잎은 세 장이 붙어 있는 신비하면서도 기괴한 모습이었습니다.

이러한 모습에서 극락조가 영물임을 또 한 번 실감했습니다.

세대의 줄기를 잘라냈더니 세 장의 잎이 한 장에 붙어서 한꺼번에 돋아난 현상을 어떻게 설명할 수 있겠습니까?

세쌍둥이도 아니고 샴쌍둥이처럼 세 장의 잎이 한 대의 줄기에서 점점 크게 자라고 있으니, 완전히 펴진 잎을 보려면 화분 둘레를 오가며 감상해야 하는 신기한 제 행동현상도 함께 벌어졌습니다.

이러한 방법으로 베란다의 극락조는 세 장의 잎이 샴쌍둥이처럼 자라나 온 가족을 다시 극락조 앞으로 불러들이고 있었습니다.

이렇게 올여름 극락조는 다시 우리들의 관심과 사랑을 한 몸에 받으며 무더위를 이겨냈으며 지금은 환절기 큰 일교차에 적응하느라 다시 힘겨운 시간을 보내는 중입니다.

이러한 튼튼하고 기품 있는 극락조 잎끝이 요즘 자꾸만 누렇게 변하고 있어 답답합니다.

식물이 스트레스를 받으면 누렇게 변하기도 한다는데, 곡식이 무르익는 뜨거운 가을 햇살을 유리로 모아 잎으로 받으니 잎끝이 타는 것처럼 마르는 것은 아닐까 하는 염려가 되지만 미루어 짐작일 뿐 어떠한 방도도 취하지 못하고 바뀐 열악한 환경에서의 환절기 변화에 잘 적응하기만을 기다리는 중입니다.

자연에서 배우다

식물의 질병을 찾아내는 전기장을 과학자들이 찾아냈다고 하니 어서 상용화되어 우리 극락조도 진단을 받아보고 싶은 심정입니다.

거실에서 베란다로 간 극락조도 실내에서 실내로의 작은 환경의 변화에 스트레스를 받으며 이렇게 민감한 반응을 하는데, 인간을 좌지우지할 수 있는 자연의 입장에서 생각해 보면 인간의 오만방자한 자연훼손이나 자연을 오염시키는 행위를 참고 지켜보면서 얼마나 스트레스를 받고 있을지를 가늠할 수 있을 것만 같습니다.

더 이상 자연이 스트레스받을 짓은 하지 말아야 할 것입니다.
더 이상 자연을 스트레스받게 하고 화나게 하면 인간을 응징할 명분이나 당위성을 자연에게 충분히 제공하게 되는 것이므로 어떤 끔찍한 현상이 일어날지에 대해서는 생각도 하기 싫습니다.

영화
〈자산어보〉에서

　추석특집 영화 〈자산어보〉를 보다가 달이 차면 구름이 많아진다는 구절이 귀에 박혔습니다.
　'아! 그래서 요즘 구름이 많이 끼고 비가 자주 내리는구나!'
　역시 자연의 이치는 과학이라는 생각이 들었고 자연의 이치가 더욱 궁금해지기에 제가 요즘 자연에서 배우며 느끼고 있는 자연의 원리 내지 이치를 생각나는 대로 옮겨보고자 합니다.

　추석 전후 7일간의 관찰로 이러한 현상을 목격할 수 있었으므로 달이 차면 구름이 모이는 이치는 참말이었습니다.
　이런 식으로 자연의 이치에 접근한 결과 달이 차면 다시 기우는 것도 자연의 이치입니다.

자연에서 배우다

밤하늘의 달무리를 보면 비가 옵니다.

해가 뜨면 달이 지고 달이 뜨면 해가 지는 것이 자연의 이치입니다.

태풍의 눈에 들어가면 더욱 고요함이 느껴지는 것이 자연의 이치입니다.

모래가 물보다 빨리 데워지므로 여름날 바닷가 모래사장이 바닷물보다 뜨거운 것도 자연의 이치입니다.

태양에 채소나 과일을 말리면 영양소가 증가하는 것도 자연의 이치입니다.

봄이 되면 강남 갔던 제비가 돌아옵니다. 즉 계절에 따라 철새들이 움직이는 것은 자연의 이치입니다.

봄, 여름, 가을, 겨울 사계절 24절기가 있는 것도 자연의 이치를 활용한 예입니다.

사계절과 자연의 변화도 자연의 이치에 해당됩니다.

밀물과 썰물도 자연의 이치에 따른 현상입니다.

지속적으로 바람이 불면 파도가 높아지는 것도 자연의 이치입니다.

꽃이 피면 열매를 맺는 것이 자연의 이치입니다.

양지식물이 태양을 향하는 것과 음지식물이 땅을 향하는 것도 자연의 이치입니다.

새끼가 어미를 찾는 것도 자연의 이치입니다.

식물이 열매를 맺고 동물이 잉태하는 것은 종속번식의 본능이며 자연의 이치에 부합되는 행위라는 생각이 듭니다.

절기에 맞는 농사법은 자연의 이치를 잘 활용한 지혜로운 인간의 축적된 지식이라고 할 수 있을 것입니다.

해와 달의 이치를 아는 것은 자연의 이치를 아는 지름길이 됩니다.

낮과 밤의 속성을 잘 알면 자연의 이치를 이해하기 용이합니다.

바닷물이 달의 방향과 반대 방향으로 몰리면 밀물 즉 만조가 된다고 하는 것도 자연의 이치에 해당됩니다.

지구처럼 스스로 빛을 내지 못하고 햇빛을 받아서 빛나는 달은 태양 주위를 공전하기 때문에 달과 지구 해의 위치에 따라 달라지는 여러 가지 자연 현상들도 자연의 이치에 해당됩니다.

풀 한 포기에서, 나무 한 그루에서, 숲속에서, 깊은 산속에서 식물들이 모이면 가늠할 수 없는 어떤 기운이 느껴진다는 것을 알아차릴 수 있으며, 이것은 곧 과학으로 피톤치드를 내뿜는 좋은 공기의 흐름이라 할 수 있으며 이를 자연의 위대한 힘이라고 말할 수 있을 것입니다.

따라서 사람은 자연의 일부이므로 상처받은 사람이 자연 속에서 치유되는 것도 자연의 이치를 터득한 결과라고 할 수 있습니다.

자연에서 배우다

물은 생명력의 근원이라고 할 수 있습니다. 물이 있으면 생기가 있고 물이 없으면 말라죽는 식물만 보아도 단순하게 이해하기 쉽습니다.

아기도 엄마 뱃속의 양수 속에서 살다가 태어나므로 물은 만물의 근원이라고 할 수 있습니다.

갈대나 버드나무, 물 등에서 이치를 살펴보면 이유극강(以柔克剛)도 자연의 이치라고 할 수 있습니다.

사람이나 동물과 식물 등 생명이 있는 모든 것들은 태어나면 죽는다는 것이 자연의 이치입니다.

이렇게 자연의 이치를 이해하고 받아들이게 되면 인간사의 이해할 수 없었던 부분들도 이해할 수 있게 되므로 자연의 이치를 이해하기 전보다 훨씬 마음이 편안해지고 겸손해지는 것 같습니다.

이러한 자연의 이치는 무수히 많으며 끊임없이 찾아내는 것이 우리들의 과제일 것입니다. 자연의 이치를 이해를 넘어 조금 알게 되면 세상이 좀 더 밝아짐을 느끼게 되며 소소한 것들을 예견할 수 있어 준비하게 됩니다.

결국 가장 자연스러운 자연의 이치가 자연의 법칙이라는 생각이 들며 자연의 법칙은 곧 과학이라는 결론을 얻게 됩니다.

소녀에서
여인으로

　하이디를 좋아하고 의상대 일출을 보며 가슴 뜨겁던 한 소녀가 이제는 어엿한 중년 여성이 되었습니다. 꿈 많던 한 소녀는 중년 여성이 되어서도 여전히 많은 꿈을 꾸고 있습니다.

　중년이 되고 보니 이제야 어머니 마음을 조금 알게 되었습니다.
　겉모습은 중년이지만 마음은 여전히 설레는 소녀 감성인 제 모습에서 '93세 우리 어머니도 마음은 소녀이겠구나!'
　그래서 '사람들은 늙으면 어린애가 된다고 말하는구나!'
　이런 생각이 들자 어머니를 이해하는 것과 어머니를 안다는 것은 많은 차이가 있다는 것도 알게 되었습니다.

자연에서 배우다

이러한 성과는 자연에 대해서 이해하고 자연에 대해서 좀 더 알고자 노력했던 지난 시간에 대한 보상이라고 생각합니다.

그동안 자연과 타인에 대해서만 이해하고 알고자 했지 제 자신을 이해하고 제 자신에 대해서 알려는 노력은 생각조차 하지 못했었는데, 무엇인가의 대상을 정해놓고 지속적으로 배우려는 노력을 기울이다 보니 저절로 제 자신에 대해서 하나둘씩 알 수 있게 되는 것이 있었습니다.

자신은 전혀 돌보지 않고 모두 내어주며 아무런 생각이나 계획 없이 살아오다 10년 전 학부모로서 진학문제로 명백한 학교 측 잘못과 친구의 그릇된 자식 욕심에서 비롯된 충격적인 잘못된 행동으로 인해 큰 실망감으로 힘들어하다가 다수를 위하여 참기로 결정하고 서울로 이사를 했습니다.

참기로 했지 용서를 한 것이 아니었으므로 180도로 생활환경이나 교육환경이 바뀐 가운데 스트레스를 받으며 생활하던 중 어느 날 문득 자신에게만 인색한 삶을 살아온 것에 대해 회의를 느끼게 됩니다.

그러던 중 코로나19가 세계를 강타하고 WHO의 팬데믹 선포에 이어 변이바이러스의 공포가 지속되는 와중에 심신이 지쳐 있는 자신에게 의식적으로 휴식을 선물하게 됩니다.

두문불출하고 식물에게 물 주며 반려식물에게 위로받게 되었으며 식물 곁에서 무너져버린 자존감과 웃음을 되찾게 됩니다.

이어서 《놀이로 배우다》를 집필하면서 자신이 참 운이 좋은 행복한 사람이라는 새로운 사실을 알게 되면서 화를 비워낸 자리에 다시 감사한 마음으로 웃음을 채웁니다.

배우다 시리즈를 집필하는 동안 이제는 자연이 던져주는 화두에 집중하다 보니 자신에 대해서 조금씩 알게 되었으며 좀 더 자신을 알아야겠다는 생각을 하게 됩니다.

자연에서 배운다는 것은 스스로를 알아가는 것인가 봅니다.

자연에 묻고 자연에서 답을 찾으려다 보니 점점 더 자신에 대해서 궁금해지고 자신의 내면을 들여다보게 되며 자신을 다독이게 됩니다.

식물을 사랑하고 자연을 사랑하는 한 여인은 여전히 불의와 타협할 생각이 없으며 이제는 자신을 좀 더 사랑하기로 결정하고 주변 환경에 더 이상 흔들리지 않기로 결심을 했습니다.

스스로를 사랑하겠다는 약속으로 자신에게 단아한 자줏빛 원피스를 추석빔으로 선물하면서 나르시시즘(narcissism)에 빠지지 않도록 경계하는 중입니다.

자연보호는
세계인의
의무

    코로나19로 인하여 전 세계가 충격에 휩싸였고 백신을 개발했음에도 불구하고 변이바이러스로 인하여 죽음이라는 두려움에서 여전히 벗어나지 못하고 있습니다.

    1차, 2차 백신 접종을 끝내고 사회적 안정기가 오더라도 우리는 또 다른 바이러스로부터의 공격에 대해서 안심할 수 없다고 생각합니다.

    평소 같으면 달맞이로 전국이 떠들썩했을 추석에 여름 장마보다도 더 긴 가을장마가 지속되고 있습니다.

    아들이 변덕스럽기까지 하다는 오늘 날씨 표현만 보더라도 분명 평범한 가을 날씨는 아니라는 생각을 떨칠 수 없습니다.

이러한 현상에서 저는 오늘도 자연은 열심히 비를 뿌려가며 오염된 공기와 병든 세상의 병원균들을 씻어내며 구석구석 청소하고 있는 것처럼 느껴집니다.

더 이상 자연을 물청소부로 전락시켜서는 안 됩니다.

자연에서 음의 기운과 양의 기운이 조화롭게 유지되어야 인간의 건강과 동식물 건강까지 조화롭게 유지된다는 것을 우리는 알아야 합니다.

햇살과 비가 적당하게 조화를 이루어야 곡식이 잘 익어갈 수 있듯이 사람에게도 마찬가지 경우에 해당합니다.

그러니 자연이 돌변해 이상기후 현상으로 우리가 더욱 극심한 고통을 받기 전에 자연을 보호해야 한다는 의무감과 당위성을 전 세계가 깨닫기 바랍니다.

이제 자연보호는 세계인의 의무입니다.

이삭줍기

 어릴 적 인상 깊었던 경험은 어른이 되어서도 많은 영향을 미치게 되므로 감수성이 예민한 학생들에게 자연과 더불어 경험할 수 있는 기회를 많이 갖도록 교육계획을 세우는 것은 매우 중요한 일입니다.

 밀레의 명화 〈이삭 줍는 여인들〉을 보면 제 어릴 적 이삭줍기 경험과 흡사한 작품이 겹쳐 더욱 행복해집니다.
 앞마당에서 놀다가 옆집 할머니께서 앞 밭에 혼자 쪼그리고 앉아 보리 이삭 줍는 것이 힘들어 보여 엄마, 동생과 함께 달려가서 도와주던 차에 오빠가 새로 산 자동카메라로 찍어준 추억의 사진입니다.

먹을 것이 궁했던 시절의 이삭줍기 추억이지만 사진 속의 저는 한 벌로 만들어진 멋진 빨간색 양복을 입고 웃고 있었으며 궁핍한 기색이 전혀 없어 보입니다.

앞마당 건너편에는 커다란 밤나무 세 그루가 있는 넓은 밭을 비롯하여 그 길 건너 우리 집 앞에는 물이 항상 고여 있어 수생식물들이 많이 자라는 황무지 같은 습지와 논밭들이 평원처럼 넓게 펼쳐져 있었습니다.

이 논과 밭에는 벼, 고추, 들깨, 참깨, 옥수수, 고구마, 조, 수수, 도라지가 자라는 등 계절마다 다양한 풍경이 연출되곤 했으며 추수와 가을걷이가 끝난 들녘에는 외지사람들이 배낭을 지고 다니면서 이삭 줍는 장면을 종종 볼 수 있었습니다.

특히 마당 바로 앞 밭에 도라지를 심은 몇 년간은 눈앞에 보랏빛 아름다운 꽃밭이 선물처럼 펼쳐져 더욱 즐거운 나날들을 보낼 수 있었습니다.

이러한 앞 밭들은 한겨울 우리들의 연날리기 놀이터가 되었다가 청보리밭이 되어 봄바람에 하늘거렸고 여름 무렵 누런 물결이 일렁이는 멋진 풍경을 선사해 주곤 했으며, 어떤 해는 밀밭이 되어 황금 물결을 일으켜 주다가 가을에는 항상 콩밭이나 배추와 무밭이 되었습니다.

부지런한 노부부 덕분에 풀 한 포기 없이 늘 정리정돈이 잘되어 있는 깔끔한 밭으로 기억이 됩니다.

자연에서 배우다

해마다 이 밭에서 이삭줍기가 행해졌으며 어쩌다 저는 보리와 밀 이삭줍기를 도와드렸으며, 가장 재미있었던 이삭줍기 경험으로 동네 아이들과 고구마 수확이 끝난 텅 빈 밭에서 호미로 구덩이를 파고 고구마 이삭줍기를 했습니다.

무조건 깊게 구덩이를 파고 들어가다 보면 미처 캐가지 못한 굵은 씨알의 고구마가 나오는데 덩굴식물의 번식력이 대단하다는 것을 이 고구마 이삭줍기에서 처음으로 알게 되었습니다.

텔레비전이 귀해 지금처럼 전 세계의 모습을 쉽게 볼 수 없었던 시기에 밀레의 〈이삭 줍는 여인들〉을 보면서 옛날이나 지금이나 동양 서양을 막론하고 사람 사는 모습은 참 비슷하다는 생각을 했습니다.

이런 생각을 비교적 이른 나이에 할 수 있었던 것은 유난히 자연을 좋아하는 어린아이가 고향 마루에 앉아 보리밭, 밀밭, 도라지 꽃밭을 보면서 자랐고 마당에 꽃밭을 가꾸며 텃밭 구석구석 꽃을 심어 즐기면서 감수성을 키울 수 있었기 때문이며, 더불어 곳곳의 아름다운 자연이 뒷받침해 준 덕분이라고 생각됩니다.

자연 속에서 뛰어놀고 자연에서 이삭을 줍던 한 소녀는 여전히 자연을 좋아하고 더욱 사랑하게 되었으며, 요즘은 지식창고인 자연에서 앞선 지식인들이 모두 수확해 가버린 뒤에도 아랑곳하지 않고 **초연하게 뒤늦은 지식과 지혜의 이삭줍기를 즐겁게** 하고 있습니다.

벚나무
단풍잎

    주말 오후 분리수거를 하고 돌아오는 길에 너무나 작고 고운 벚나무 단풍잎이 떨어져 있기에 오랜만에 책갈피에 꽂으려고 주워왔습니다.

    거실서랍장 위에 올려 둔 채 깜박 잊고 다음 날 보니 빨강, 노랑, 고운 빛은 어디 가고 여지없이 보잘것없는 갈색 낙엽이 되어 버렸습니다.

    춘천 친구 우림이 보내온 택배에 동봉된 편지 속에서 나온, 책갈피에 넣어 말렸다는 단풍잎은 고운 빛을 유지하고 있었습니다.

    진심과 사랑을 담은 손편지와 함께 손수 만든 찹쌀 고추부각과 단풍잎에 감동하고 귀한 우정에 감사하면서 출간될 새 책의 속지

자연에서 배우다

에 전할 문구를 미리 마음에 써봅니다.

 사람이나 자연이나 아름다움을 책갈피에 꼭꼭 숨겨 정성껏 말려야 오래 유지된다는 것을 알게 되었습니다.
 사람이나 자연이나 아름답고 화려함은 잠시라는 생각이 듭니다.
 외모보다는 아름답고 화사한 마음으로 살아가야 하는 당위성을 찾은 순간입니다.

생각에 대한
생각

생각이 납니다.
생각은 납니다.
생각난다.
생각은 난다.

생각을 끊으려 해도 자꾸 생각납니다.
자신도 모르는 사이에 화가 납니다.
이렇게 자신을 힘들게 하는 생각들은
주변 사람들도 힘들게 합니다.

우리는 미래에 대해 생각을 하지만

자연에서 배우다

어떠한 문제에 직면한 생각 할 겨를이 없는 위기상황 땐
과거의 경험들을 총동원한 직관적인
즉 생각나는 대로 말하거나 행동하게 됩니다.

우리는 주변 또는 TV에서
가끔 분별력 없고 생각 없이 행동하는
어처구니없거나 황당한 상황에 화가 날 때가 있습니다.
가장 가까운 사이에서 의도치 않는 상처를 주고받습니다.

자신이 행복한 가정을 만들고 싶거나 행복한 사회에서 살고 싶다면,
그리고 자녀나 학생, 지인에게 분별력 있고 좋은 생각하는 힘을 길러
주고 싶거든 사랑을 듬뿍 주시기 바랍니다.
그들에게 좋은 생각이 들 것입니다.

사랑하는 마음을 적극 표현하시기 바랍니다.
말 안 하면 잘 모르는 경우가 대부분입니다.
나중에 후회하지 말고 너무너무 사랑한다고 사랑받고 있다고
느낄 수 있도록 말로 세뇌라도 시키시기 바랍니다.

좋은 경험과 좋은 추억을 많이 공유하시기 바랍니다.
생각하는 것보다는 생각나는 것이 더 잦은 것 같습니다.
아무리 잊으려 해도 무의식 잠재의식 속에서
생각나고 생각이 떠오르기 때문입니다.

생각에 대한 생각

고통이나 불편함 속에서 불현듯 떠오르는
좋은 생각이 창의력일 수도 있으며
창의적 사고일 수도 있겠다는 생각이
이 글을 쓰는 순간에도 일어납니다.

저의 무한 긍정 사고와 도전적 삶은
어릴 적 아름다운 자연 속에서 그 누구에게도
방해받지 않고 자유롭게 마음껏 뛰어놀던
갖가지 놀이 경험 충족에서 나온다고 생각됩니다.

좋은 경험과 좋은 추억은 절망 속에서도
좋은 생각과 꿈을 향해 도전하는 원동력이 됩니다.
사랑하는 사람들과 자연에서 좋은 추억 만드시기 바랍니다.
절망 속에서도 좋은 생각이 날 수 있도록……

자연에서 배우다

자연이 주는
기쁨

　자연은 때때로 우리에게 잔잔한 감동과 소소한 기쁨을 선물해 줍니다.

　적극적으로 자연에 파묻혀 살아보려던 차에 코로나19로 인해 2 년째 마음 놓고 자연으로 언제든지 뛰어들 수 없음이 안타깝지만, EBS 등 TV 화면으로 펼쳐지는 세계 곳곳의 명소나 우리나라 곳곳의 신비하고도 아름다운 자연을 한눈에 담으면서 감동도 받고 즐거움을 느끼면서 살 수 있다는 것만으로도 감사한 일입니다.

　주말연속극을 보면서 모소대나무에 대한 이야기를 들으면서 감동하고 새끼까치에게 젖을 물린 개의 모성애 소식과 물새 부부가 물 위에 집을 짓던 중 다른 새들의 공격에 방어하는 모습과 거미는 알주머니를 갖고 다니며 흠집이 난 곳은 보수도 하면서 작은 거미 수백 마리의 부화를 기다린다는 장면 등을 보면서 때로는 사람보다 나은 곤충이나 동물들에게 잔잔한 감동을 받습니다.

또한 어릴 적 KBS 인형극 〈동명성왕〉에서 보았던 갈증이 심한 나그네에게 우물가 버들잎을 물에 띄워 냈다는 유화부인의 배려가 담긴 지혜를 닮아야겠다는 생각도 떠올리게 됩니다.

자연이 주는 소소한 즐거움이나 기쁨으로는 한여름 새벽부터 들리는 매미 소리로 경쾌한 하루를 맞이하게 되고, 오일장이나 전통시장에 가면 인간에게 유익한 자연산물들이 모여 있어 철 따라 구경하는 재미가 쏠쏠합니다.

그냥 가만히 숲속에 앉아 있기만 해도 행복하고 따오기가 자연 부화에 성공해 창녕 우포늪 창공을 날아다니는 모습을 뉴스로 보면서 반갑고 기쁜 마음과 우려가 교차합니다.

편백나무 숲에서 글램핑 하는 기쁨과 거실에서 특대형 식물들을 키우다 보니 텔레비전이 꺼진 검은 화면에 쌍무지개가 뜨는 특별함을 해가 뜨는 날마다 볼 수 있어서 더욱 기쁩니다. 우리 집 거실에 쌍무지개가 뜨고 있었다는 사실을 8년 만에 알게 된 점도 무척이나 기분 좋은 일입니다.

자연의 이치를 알아가는 기쁨도 쏠쏠하고 자연과 관련된 스포츠 이야기로 세르비아의 노박 조코비치가 윔블던 대회 우승 시

우승한 테니스장의 잔디를 씹어 먹는 세레머니를 했다는 일화도 스포츠에 관심이 많은 저에게는 재미있는 신선한 소식입니다.

자연 속으로 들어가 자연과 하나 되는 기쁨을 누리기가 만만치 않은 요즘은 집 밖으로 나가기를 자제하고 있기에 꼭 만나고 싶은 자연들을 메모해 두고 자연과의 조우를 기대하면서 여행을 기다리는 재미도 있습니다.

1월에는 부산 송도해변 광장에서 시작해서 안남 공원까지 3시간 걸린다는 둘레 길을 가족과 함께 걸으며 추억을 만들고 싶고, 수많은 물고기 모양의 돌들이 있다는 밀양의 만어사에도 가보고 싶습니다.

경남 고성에서 공룡 화석 길 해변 산책로에서 주상절리 퇴적암을 직접 확인하고 싶고 여수 갯가길 밤바다를 걸으면서 낭만과 여유를 만끽하고 싶습니다.

송홧가루가 날릴 무렵 열목어가 물살을 거스르는 송추계곡과 송추폭포도 직접 보고 싶습니다.

전남 강진에 정약용 유배 길도 궁금하며 갈대숲도 보고 싶고, 송광사와 불일암의 후박나무가 준 가르침도 느껴보고 싶습니다.

설악산과 동해 바다를 수시로 보고 자란 저는 자연을 좋아할 수밖에 없으며 산과 바닷가에 있으면 마음이 참 편해짐을 느끼곤 합니다.

엄마 품속보다 더 편한 곳이 자연의 품속이었던 어린 시절의 추억을 간직한 것만으로도 감사하고 또 감사한 마음이지만 그래도 기회만 된다면 자연으로 달려가고 싶은 심정입니다.

자연과 가까이하다 보면 언젠가는 저도 자연을 닮은 사람이 되어 있지 않을까 하는 기대도 내심하게 됩니다.

어릴 적 뜨거운 모래사장에서 어떤 아저씨가 어깨에 멘 작은 나무상자 안 선반 위 나뭇잎에 떡을 올려놓고 "망개떡! 망개떡!"을 외치던 모습이 오랫동안 궁금했었는데, 망개나무 잎은 방부제 역할을 하기 때문에 망개 잎에 떡을 싸서 팔면 하루 종일 떡이 상하는 것을 방지할 수 있었던 우리 선조들의 자연을 활용한 생활의 지혜를 수십 년이 지난 후에야 스스로 겨우 알게 되었습니다.

이렇게 **자연과 벗하면 스스로 자연스럽게 알게 되는 것들이 참 많기 때문에 저는 미래교육의 답도 자연 속에 있다**고 생각합니다.

물 주는
행복

식물에게 물 주는 시간은 제 생활 중 가장 행복한 시간입니다.
아무에게도 방해받지 않고 20~30분 동안 오로지 식물과 저에게
만 집중할 수 있는 시간으로 자식 입에 맛있는 음식 들어가는 것
처럼 식물에게 물 따라주는 소리는 제게 있어 '힐링 소리'랍니다.

일단 제가 물 한 컵 들이키고 나서 1,000mL 플라스틱 계량컵으
로 주방 싱크대에서 물을 받아 집안 곳곳에 있는 식물들에게 모
두 물을 주고 나면 등에 땀이 촉촉할 정도로 운동이 된답니다.

베란다에 있는 식물들은 수도에 연결된 호스로 편하게 물을 줄
수 있지만 물이 잎에 닿으면 좋지 않은 식물과 바닥이 지저분해

지는 것이 싫고 물의 양을 정확하게 가늠할 수 없으므로 운동 삼아 부엌에서 왔다 갔다 하고 있습니다.

수도에서 누군가에게 줄 맑은 물을 1,000mL 받는 짧은 시간은 중요한 일들을 결정할 때 편하고 즐거운 마음으로 생각하는 시간으로 활용되기 때문에 제 삶에 도움이 되는 소중한 시간입니다.

이렇게 일주일에 한두 번 물을 주면서 식물 상태를 살피면 내가 요즘 한가한지, 엄청 바빴는지 힘들었는지 행복했는지 여부를 식물의 몸짓이나 상태로 알 수 있기에 식물에게 가끔 자랑이나 푸념도 늘어놓습니다.

계속 식물에게 물을 주는 습관을 들이다 보면 식물이 아닌 사람들에게도 무엇인가를 늘 나눌 수 있고 습관적으로 베풀 수 있는, 물심양면으로 좀 더 여유 있는 삶을 만들 수 있을 것이라는 믿음이 있습니다.

그렇기에 **오늘은 조금 힘들더라도 식물에게 물을 주다 보면 다시 행복해집니다.**

자연에서 배우다

양지
음지

거실 그늘에 있는 스파트필름 꽃대가 오랜 시간 힘겹게 올라와 꽃을 피우는데, 양지쪽 화분 꽃대는 며칠 새 쑤욱 올라와 벌써 웃으려 하고 있습니다.

특대형 아레카야자 나무 두 그루를 나란히 두고 보는 요즘 한 그루는 태양을 향해 한쪽으로 완전히 쏠려 자라고 있고, 다른 한 그루는 무성한 아레카야자 나뭇잎들이 둥근 모양으로 자라고 있는데, 사람보다 더 키가 큰 식물인 만큼 반은 키가 크고 반은 키가 작아 양지와 음지에서 자란 티가 확실하게 차이가 납니다.

이러한 현상을 보면서 사람도 자연의 일부로서 태양과 친해지고 태양을 잘 활용하는 것이 삶의 지혜이며, 가능하다면 특히 자라나는 우리 아이들에게도 양지바른 좋은 교육환경을 제공해 주어 몸도 마음도 활개를 치며 쑥쑥 자라날 수 있도록 해주는 것이 마땅하다는 생각이 들었습니다.

오랜 사회적 거리두기 생활 속에서 추석 무렵부터 계속 비가 오고 흐리고를 반복하니 저절로 우울해하고 짜증을 낸다는 하소연하는 경우를 지인들과의 통화에서 종종 들을 수 있었습니다.

저도 요즘 글을 못 쓰다 햇살 좋은 어제와 오늘 좋은 생각들이 샘솟는 것 같습니다.

앞으로 이렇게 지속적으로 날씨가 흐리고 우울한 날엔 해가 뜬 곳의 자연을 찾아가거나 해가 뜬 지방으로 달려가 마음을 보송보송하게 말려 봐야겠다는 생각을 하고 있습니다.

자연에서 배우다

지혜로운
삶

　앞의 〈양지 음지〉에서처럼 모든 식물과 동물이 태양을 향하는 것만은 아니며 음지식물도 있고 빛의 반대 방향으로 굽어지는 음굴광성 식물도 있으며, 땅속에서 살거나 야행성 동물들도 있습니다.

　이러한 자연현상으로 비추어 볼 때 우리 인간들도 주행성이나 야행성 인간으로 생각해 볼 수 있을 것입니다.

　지금은 하우스 농사가 있어 밤에도 일하지만 보편적으로 낮에 왕성한 활동을 하고 일찍 잠자리에 들었다가 해가 뜨면 일어나 논밭으로 나가시던 농부들이 대표적인 주행성 삶을 살고 있으며,

이는 자연스럽게 식물의 성향을 따라갈 수밖에 없으며 자연의 이치를 가장 잘 반영하며 살아가고 있는 지혜로운 분들이라는 생각을 하게 됩니다.

반면에 밤새 일하고 밤늦게 혹은 새벽에 잠자리에 들어 해가 중천에 있을 때 일어나는 야행성 삶을 살아가고 있는 분들이 점점 증가하고 있는 추세라 염려됩니다.

이러한 분들은 자연의 지혜를 빌리자면 습관적으로 일광욕을 즐기고 특히 숲이나 산, 들, 바다와 친해져야 건강한 노후의 삶을 즐길 수 있을 것으로 생각됩니다.

식물과 자연에 조금 관심을 갖고 살다 보니 이러한 생각들이 순간순간 스쳐 지나갑니다. 자연스럽게 떠오르는 이런 생각들이 자연에게서 배우는 지혜로운 삶을 추구하는 것이라고 생각됩니다.

한낮에 태어났으며 인간으로 태어났으나 낮과 밤 구분 없이 일하고 공부하며 몸을 혹사시킨 저도 지혜로운 삶을 살진 못했으므로 더 늦기 전에 지금부터라도 일찍 자고 일찍 일어나 해맞이하면서 운동으로 건강을 챙기는 지혜로운 삶을 추구해야겠습니다.

이렇게 **가장 단순하고 가장 보편적인 자연스러운 삶이 지혜로운 삶이라는 것을 이제야 깨닫습니다.**

햇살과
다육이

땅속에서 갓 돋아나고 있는 다육이를 보신 적이 있습니까?

화분에서 크게 자란 작품 같은 다육이들에게 익숙한 저는 이 어린 친구들을 보는 순간 홀딱 반해버렸습니다. 화분의 흙을 뚫고 갓 태어나고 있는 아이들이 초록초록, 연두연두한 것이 어찌나 앙증맞고 예쁜지 저도 모르게 고개를 화분에 들이밉니다.

초록의 동글동글한 구슬 혹은 귀한 보석들이 동시다발적으로 쑤욱 쑥, 한 잎만 쏘옥, 다닥다닥, 삼삼오오, 칠팔구구 얼굴을 내밀고 인사하고 있습니다.

이렇게 아주 작지만 생김새가 각각 다른 모양의 개성이 강한 어린 친구들과는 태어나서 50년 만의 조우인 귀하고 귀한 만남의 순간입니다.

이런 귀여운 보석 식물 친구들이 있는지조차 모르고 그동안 식물 이야기를 한 것이 부끄럽습니다.

마치 에메랄드 그린을 닮은 맑고 투명한 보석들을 다듬어 놓은 듯해 다육이 하나하나에 눈을 뗄 수 없었습니다.

땅속의 보석들이라는 말이 안성맞춤으로 딱 어울리는 다육이가 돋아나 자라는 순간을 만난 기쁨은 보기 드문 또 하나의 행운이라 생각합니다.

미용실 원장님의 부름이 없었다면 아주 오랜만에 나온 햇살에 빛나고 있는 창가의 다육이 새싹들 개수를 셀 뻔했습니다.

하는 수 없이 재빨리 사진 몇 장으로 이 아름다운 순간을 남기고 거울 앞에 앉았습니다.

두 분께 머리를 맡기고 마음은 콩밭이 아닌 창가로 자꾸 쏠렸습니다.

화면을 확대해 사진을 보니 육안으로 보이지 않던 더 작은 점만 한 다육이들이 그 조그마한 잎에 붙어 있기까지 했습니다.

문득 이 평범한 토분 속 다육이 싹들을 귀한 보석처럼 빛나게 만들어 준 것은 다름 아닌 햇살이라는 생각이 들었습니다.

햇살은 모든 생명들을 살찌우고 쑥쑥 자라게 하는 신비한 힘이

자연에서 배우다

있다는 지극히 상식적이고 단순한 생각을 하게 됩니다.

계속 흐리고 비가 내리는 올 가을장마로 인해 배추 밑동이 썩어가고 있다는 친구들 푸념이 제겐 예사롭게 들리지 않습니다. 양양과 이천에 있는 배추가 썩었다면 전국의 배추 작황을 미루어 짐작할 수 있으므로 전국의 들깨는 물론 다른 농작물 피해가 예상되기 때문입니다.

예나 지금이나 늘 항상 그곳에서 말없이 보내주는 당연한 햇살인 줄만 알았는데 이젠 해님마저 우리 인간들에게 기후 변화의 경고를 주고 있는듯합니다.

식물이 햇살을 좋아하는 데는 다 이유가 있습니다.

다육이가 햇살에 빛나 보석처럼 보이듯이, 배추가 햇살을 받아 속이 꽉 차듯이, 들깨가 햇살을 받아 알알이 야무지게 여물듯이 **우리 아이들도 다육이처럼 빛나는 보석이 되고 배추처럼 속을 꽉 채워 자랄 수 있도록 날씨 좋은 날 자꾸자꾸 창밖으로, 종종 바다로, 때때론 자연으로 나가 햇살을 받으면 좋겠다고 생각합니다.**

산행 복장

　가끔 밥을 먹으면서 좋은 인연으로 서로를 알아가고 있는 중인 사회에서 만난 산을 좋아하는 언니가 있어 코로나 이전에 원주로 1박 2일 초대를 받아 산행을 한 적이 있습니다.

　그해 뉴스에 등산객들과 등산복 관련 소식이 자주 보도되던 가운데 언니는 등산할 때 등산복 갖추어 입는 것에 대해 반감을 갖고 있으며 유난히 민감하게 생각하는 것 같았습니다.
　산행에 편한 복장이면 되지 유난스럽게 등산복을 꼭 입어야 되느냐는 질문에 이미 답을 정해놓고 묻는 말이라 사람마다 생각의 차이가 있음을 존중해 크게 반응하지 않았습니다.

　　　　　　　　　　　　　　　　　　　　자연에서 배우다

이 질문은 똑같이 다음 해에도 그 이듬해에도 계속되기에 저는 등산복을 입고 산행하는 것을 권장하는 편이라고 답했습니다.

언니의 뜻과 맞지 않는 대답에 내심 서운해하는 눈치셨지만 길게 설명하지 않고, 산을 좋아하는 분이시니 자주 산행을 하시다 보면 험난한 악산도 등산하게 될 것이고, 그때 언니 스스로 제 의중이 무엇인지 파악하기를 바랐습니다.

언니랑 함께한 원주 백운산은 휴양림이 있을 정도로 정상까지 완만한 경사에 잘 닦여진 등산로가 있고, 함께 자주 다녔던 남한산성 등산은 입구의 산 밑에서부터 오르지 않고 성안에서 시작했으니 잘 걷기만 하면 되지만, 제가 다녔던 설악산 대청봉이나 의암댐 쪽에서 올라가는 삼악산 등선폭포 오르는 길, 북한산, 운악산 등 악산들은 말 그대로 험준한 곳들이 있어 네발로 기어서 산에 올라가야 하는 곳도 있고 커다란 바위를 오르거나 바위틈 사이로 빠져나가야 하고 심지어는 밧줄을 잡고 오르는 등 극한 상황에서는 산악전문가의 의견이 들어 있는 등산복을 입는 것이 덜 힘들었던 경험이 있기에 저는 산행에서는 등산화를 꼭 신으려고 합니다.

또한 예상치 못한 문제가 발생했을 경우를 대비한다면 등산복과 등산화를 착용하는 것이 좋겠다는 판단입니다.

강의를 하다 보면 학생들의 질문 정도에 따라 현재의 수준을 파악할 수 있었으며 이러한 질문 수준에 맞추어 강의 수준을 조절하기도 했었습니다. 마찬가지로 언니의 산행 정도가 어느 정도인지를 가늠할 수 있었으므로 험한 악산을 함께 산행할 계획은 하고 있지 않습니다.

그러나 시간만 허락한다면 언제든지 함께 산행을 즐기고 싶은 마음이 큽니다.

산행에서 험한 산 등반 경험이 많으면 많을수록 자연의 위대함을 알기에 더욱더 겸손해질 뿐만 아니라 만일의 경우를 대비하는 자세가 갖추어져 있을 것은 엄연한 일이므로 엄홍길 대장님과 같은 산악인을 제가 존경하는 이유도 여기 있습니다.

운동할 때 복장을 제대로 갖춰 입으면 더욱 효과적이며 운동에 대한 마음가짐도 달라지는 것처럼 산행에서의 복장도 제대로 갖춘다면 안전한 산행을 즐길 만반의 준비과정이므로 등산을 취미로 발전시킬 가능성이 크다고 봅니다.

대부분의 사람들이 등산복에 투자한 만큼 잦은 산행으로 건강을 지키겠다는 건전한 생각을 하고 있으므로 몇몇 사람들의 눈살 찌푸리는 행각에 모든 잣대를 댈 필요는 없다고 봅니다.

제가 호연지기가 무엇인지도 모르면서 자연으로 뛰어다니면서 자연스럽게 호연지기가 길러졌듯이, 자라나는 우리 **청소년들도 컴퓨터 앞에만 앉아 있지 말고 자연 속에서 맘껏 뛰어놀며 호연지기를 길렀으면 좋겠습니다.**

자연에서 배우다

그러면 아무리 힘든 일도 중요하다고 판단만 되면 당연하게 받아들여 헤쳐 나갈 수 있고 그 누가 마구 흔들어 대도 끄떡없이 문제를 지혜롭게 해결해나갈 수 있는 심지 곧고 배려심이 깊은 어진사람으로 성장하게 될 것입니다.

인문학이란

저는 지난 4년간 학문의 위기에서 될 수 있는 한 책을 멀리하고 식물과 친구 하며 자연 속에서 답을 찾아보려고 무던히도 애를 썼습니다.

책을 멀리한 것은 선 지식인을 무시하는 것이 아니라 그들과 차별화된 나만의 인문학을 찾고 싶었던 것입니다.

너무나 방대한 인문학을 한마디로 정의하기는 무척 어려운 일이지만 제가 가볍게 생각한 결론부터 말씀드리자면 **'인문학은 삶의 경륜이 쌓인 학문의 지혜'**라고 함축해서 표현하고 싶습니다.

사람은 태어나면 늙기 마련이고 늙는다고 모두 지혜로운 것은 아니며 추잡스런 인간들도 많습니다.

자연에서 배우다

이런 추잡스런 늙은이의 생각을 지혜라고 할 수는 없겠지만 삶의 부정적인 결과나 추잡한 삶을 타산지석으로 삼아 이를 통해 좋은 본보기로 교훈을 얻는다면 어르신의 삶의 지혜로 만들 수 있을 것입니다.

인문학은 사람이 살아가는 데 꼭 필요한 마음의 양식 내지는 삶을 풍요롭게 만드는 원천적인 힘이라는 생각이 듭니다.
여기서 인문학의 스승이나 동반자가 자연이라면 금상첨화라 생각합니다.
삶에서 부딪히는 모든 문제 상황을 해결하기 위한 질문들을 자연에게 묻는다면 자연은 훌륭한 상담가가 되어줄 것입니다.

힘들 땐
자연으로

    자신이 가장 힘든 상황에 처했을 때 방구석이나 제한된 공간에 머무르지 말고 끝없이 펼쳐진 자연을 찾아 떠나 보십시오.

    끝없이 펼쳐진 푸른 하늘이나 푸른 바다를 벗 삼아 초록 들판이나 모래사장에 큰대자로 누워 보시기 바랍니다.

    당장 자신의 몸에 들러붙은 모래를 털어내야 하고 자신의 몸으로 기어오르는 개미나 날아드는 곤충 등으로 인해 자신의 심각한 고민거리를 잠시 잊게 됩니다.

    발끝의 그 작은 벌레나 곤충들이 살기 위해 얼마나 부지런히 움직이고 발버둥 치고 날갯짓을 하고 있는지 등 그동안 보지 못했던 보이지 않는 것들이 보이기 시작할 것입니다.

자연에서 배우다

죽고 싶을 만큼 힘들 때는 자연을 찾아 여행을 떠나 보세요.

길을 걷다가 거미줄에 매달려 살려고 발버둥 치는 잠자리도 만나보고 하룻밤 살려고 태어난 하루살이의 사체들도 쓸어보고 장마철 개미들이 살기 위해 땅굴 주변에 어떻게 쌓아놓았는지 유심히 모래 흙담도 살펴보시기 바랍니다.

쇠똥구리가 자기보다 수십 배 큰 쇠똥을 굴리면서 가다가 장애물을 만나면 어떻게 하는지, 미어캣들이 적들을 살피기 위해 어떤 모습을 취하면서 살고 있는지, 새들이 자신의 알과 새끼들을 보호하기 위해 어떤 행동을 취하는지 등 자연에서 여의치 않으면 쉽게 동영상이라도 찾아보시기 바랍니다.

한낱 미물들도 저렇게 살려고 발버둥 치고 살아가기 위해 식량을 준비하느라 열심인데, 하물며 생각까지 할 수 있는 사람인 나는 저들에 비하면 얼마든지 잘해낼 수 있고 쉽게 버틸 수 있겠다는 마음의 변화와 동요가 일어날 것입니다.

그래서 스스로 깨닫는 방법만큼 좋은 실천적 답은 없다는 생각이 듭니다. 아무리 쉽게 풀어쓰고 길게 설명해도 알 사람은 알고 모를 사람은 모르더라는 것이 제 경험치기에 《자연에서 배우다》는 될 수 있는 한 간결하고 자연스럽게 마음 가는 대로 편하게 쓰려고 노력 중입니다.

어떠한 생각의 실천에 있어서 관심이 있고 없고의 문제이지 알고 모르고의 문제가 아니라는 것을 알게 되었습니다.

그러니 자살 충동을 일으키는 사람에게는 의욕적인 삶을 불러일으킬 수 있는 관심 두기에 집중할 수 있도록 주변의 관심이 함께 필요하다고 생각합니다.

생명의 소중함을 몰라서 자살을 하는 것이 아니라 알아도 실천하지 않기 때문에 자살하는 것이므로 어릴 적부터 자존감을 높일 수 있는 일상적인 환경에 노출될 수 있도록 사회 속에서 생활화시키는 사회적 분위기 조성이 필요하다고 봅니다.

죽을 만큼 힘들게 운동을 해본 사람은 죽는다는 것이 얼마나 힘든지 알고 있기 때문에 감히 죽을 생각을 하지 못할 것입니다. 배꼽을 쥐고 죽을 것처럼 웃어본 저는 아무리 힘들어도 죽을 생각이 전혀 없습니다.

그러니 섣부른 위로보다는 함께 운동하고 함께 웃을 수 있는 시간을 만들 수 있도록 서로 관심을 갖고 관심을 유도하는 편이 좋겠다는 생각도 해봤습니다.

서로 소통하고 공감되는 분위기에서 재미있게 웃을 수 있는 건강한 놀이와 운동으로 몸과 마음의 근육을 만든다면 자살률이 떨어지는 사회가 될 것이며 지금보다 훨씬 나은 건강하게 장수하는 삶을 유지할 수 있으리라 생각됩니다.

자연에서 배우다

자연이
답입니다

　문득 삶에 있어서 인생은 선택의 길을 걸어가는 집시라는 생각이 듭니다.

　이걸 먹을까 저걸 먹을까, 이쪽으로 갈까 저쪽으로 갈까, 가지 않은 길에 미련을 두면서, 할까 말까 매 순간이 선택의 순간이며 갈림길에서 우왕좌왕하며 힘들 때가 많습니다.

　그래도 가장 마지막 최종적인 선택이 되어야 할 것은 어떻게 살다 어떻게 죽어야 잘 사는지에 대한 고민이어야 할 것입니다.

　가장 무서운 고민은 살 것인가 죽을 것인가에 대한 고민으로 살면서 앞이 보이지 않을 때 '죽고 싶다'라는 생각을 누구나 한 번쯤은 해본 적이 있을 것입니다.

이러한 생각은 그냥 푸념적인 생각에만 그쳐야지 가장 빨리 떨쳐버려야 하는, 가장 가깝고 친한 사람에게 우울을 전염시킬 수 있는 무서운 맹독성 바이러스입니다.

나만 생각하는 이기적인 사람으로 키우지 말고 우리라는 개념을 어릴 적부터 심어주는 노력과 정성이 필요하다고 생각합니다.

나가 아닌 우리를 생각하는 사람은 결코 목숨을 소홀히 하지 못합니다.

나만 생각하는 사람은 강물에 쉽게 뛰어들겠지만 우리를 생각하는 사람은 결코 극단적 선택이 쉽지 않습니다.

죽음 뒤의 누군가가 힘들어하는 것을 원치 않을 것이므로 한 번 더 생각하게 되고 신중한 생각을 하게 될 것입니다.

자연을 좋아하는 사람은 자연과 함께할 수 있는 무인도나 섬마을, 산속의 은둔생활을 선택할지언정 죽음을 쉽사리 선택하진 않을 것입니다.

자연과 함께하면서 자연과 친구가 되고 그렇게 자연과 벗하면서 살다 보면 몸과 마음도 안정이 될 테고, 다시 재충전의 시간을 갖다 보면 잠시 어리석은 생각이었음을 알게 되고 고갈되었던 삶에 대한 열정이 꿈틀거리게 될 것입니다.

그래서 저는 모든 교육의 문제를 해결할 수 있는 방법을 자연에서 찾게 되었으며 모든 것은 자연으로 통하고 자연이 답이며 자연에서 문제의 답을 찾아야 한다는 결론을 얻었습니다.

　경험상 자연이 주는 답과 자연에서 저절로 찾은 답은 진리입니다.

　자연스럽게 자연에 순응하며 물 흘러가듯이 살아 봤더니 잔뜩 찌푸리고 폭풍우가 몰아친 끝에는 구름 한 점 없는 깨끗한 하늘에서 빛나고 있는 태양이 보였고, 이 태양처럼 그 무겁던 삶의 무게와 고민이 아무것도 아닌 것으로 느껴지고 사라져 반짝반짝 빛나고 있었습니다.

　살면서 중요한 일을 결정해야 할 때 자연에 관심이 전혀 없는 사람과 자연을 이해하려고 노력하는 사람 또는 자연의 이치를 조금 아는 사람과 자연의 이치를 터득한 사람들의 결정에 따르는 그 부수적인 결과는 어마어마한 질적인 차이가 동반합니다.

　허우적대면 될수록 늪이나 수렁에 빠지는 것처럼 일이 잘 풀리지 않을 때는 아름다운 일출이나 석양, 푸른 숲, 단풍 등 자연을 넓게 조망하는 마음으로 잠시 멈추고 주변을 조망하면서 객관적인 관찰자가 되어 보십시오.

　마음을 넓게 쓰게 되고 보이지 않는 것들이 보이기 시작하고 이해하지 못하던 것이 이해되고, 이렇게 시간과 자연의 합작으로 좋은 해결방법을 터득하게 되더이다.

　경험상 인간의 시간과 자연의 조화로운 합작품 같은 선택의 길을 만들어 걷는다면, 이러한 선택적인 삶은 무조건 정답일 것입니다.

혹 정답이 아니면 또 어떻겠습니까?

삶 자체가, 인생 자체가 정답이 없는 것을…….

자연도 자연스러워서 자연이 아닐까요?

우리도 타의에 의해서 태어났으니 자연스럽게 살다 자연스럽게 가면 될 것 같습니다.

"자연스럽게 가면 참 좋을 것 같습니다."

자연 변화와
생각 변화

　그 뜨거웠던 여름이 언제였나 싶게 아침저녁으로 추위에 움츠러드는 가을입니다.

　봄, 여름, 가을, 겨울 사계절 자연의 기후가 변하고 기후에 따른 자연의 색깔이 바뀌듯이 사람들이 입는 옷에서도 큰 변화를 느낄수 있습니다.

　계절의 변화에 따라 꽃이 피는 식물은 열매를 맺고 아이들의 몸과 마음도 쑥쑥 성장하고 있는데, 우리 어른들은 얼마나 마음이 성숙되어 가고 열매를 맺고 계시는지 궁금합니다.

　설마 통장의 잔고가 늘어간다고 해서 또는 잔고가 줄어들고 있다는 것으로, 성공과 성숙의 잣대를 들고 계시는 것은 아닐 것으로 믿고 싶습니다.

알이 차고 있어야 할 배추 밑동이 썩어들어 밭에 나뒹굴고 있는 모습을 보면서 나이가 든 사람에게서의 가장 큰 성공은 건강이라는 생각을 했습니다.

우리는 배추 밑동이 썩어가듯이 사람들의 정신 상태에서도 악취가 풍기는 경우를 종종 볼 수 있으므로 나이가 들수록 이런 것들을 경계해야 한다는 경각심도 불러일으킵니다.

이렇게 자연에 따라, 시간의 흐름에 따라 모든 것들이 자라고 씨앗을 남기고 종족 번식을 하는 등 변하는데 정작 변화해야 할 사람들의 마음 변화 속도는 더디거나 그대로 머무르거나 선(善)으로부터 점점 멀어져가는 느낌을 뉴스에서 자주 받습니다.

강아지 성대를 자극해 울음소리를 줄이고 성인의 정자배출구를 묶는 등 지극히 자연스러운 자연의 섭리를 거스르는 행위들은 모두가 인간중심적 사고의 이기적인, 나만 좋으면 된다는 발상의 결과이기에 신중하게 결정해야 할 부분인 것 같습니다.

자연이 변화하듯 생각의 변화도 당연하다는 생각이 듭니다. 당연히 긍정적인 변화로서의 변화를 강조하고 있는 중입니다.

우리가 나이 들면서 성악설로 이동하는 것보다는 성선설을 지향하며 달림으로써 우리 자녀들이나 후대에게 건강한 사회와 건강한 국가를 물려줄 수 있어야 할 것입니다.

자연에서 배우다

자연의 변화하는 모습을 지켜보면서 저도 생각의 변화를 경험했습니다.

아직도 읽지 못한 훌륭한 고전들이 너무나 많고 기존의 좋은 책들을 뛰어넘지 못할 것은 뻔한 일이며, 그럴 바에는 나무 한 그루 살리는 의미에서 '책을 쓰지 않겠다.'던 생각이 '쓰고 싶다, 써야겠다.'에서 이젠 '잘 쓰고 싶다.'는 욕심까지 들어간 생각의 변화를 경험하고 있는 중입니다.

그렇다고 기존의 좋은 책들을 뛰어넘을 수 있어서 쓰기로 결심한 것이 아니라 지금의 기후 변화 현상이나 사회현상이 너무나 답답하게 돌아가고 있는데 친구들과 편하게 만나서 허심탄회한 이야기도 나누기 힘든 거리두기 상황이니 이렇게 글이라도 쓰지 않으면 병이 날 것만 같아 말을 글로 대신하고 있는 중입니다.

우리 사람들이 건강한 뒤에야 건강한 정치도 있고 건강한 경제도 있는 것입니다.

건강한 먹거리와 건강한 공기를 마셔야 건강해져서 건강한 생각과 판단을 할 수 있으며, 건강한 사회와 국가, 건강한 세계를 만들 수 있는데 그렇지 못하면 사람들의 마음이 안정되지 못하고 불안하므로 가정이나 사회, 국가 또는 국가 간 분쟁의 악순환이 계속될 수밖에 없을 것입니다.

이러한 해결방법은 발달된 랜선 망을 통해 지구 환경보호의 패

러다임을 조성하여 기후 변화에 대처하고 지구보호를 위해 적극 노력하는 등 지금 당장보다는 조급증을 버리고 좀 더 자연스럽게 미래를 생각하며 자연에 순응하면서 살아가야겠다고 생각합니다.

이렇게 **저는 자연의 변화에서 우리 인간들의 사고 변화 필요에 대한 당위성을 찾고 있는 중입니다.**

자연에서 배우다

자연에서
받는
위로와 성취감

　크고 작든, 중요한 일이든 사소한 일이든지 간에 어떠한 일에
서 성공을 한 사람들은 다른 일에서도 성공할 확률이 높습니다.
일단 성공하는 방법을 알고 있고 자신감이 오르기 때문일 것입
니다.

　반대로 실패한 사람들은 자신감이 떨어져 있는 상태에서 성공
하는 방법을 다시 찾아야 하므로, 자신감을 다시 끌어 올려야 하
고 성공방법을 다시 모색해야 하는 등 전자에 비해서 많은 에너
지 소비가 필요함은 물론 성공하는 시간도 오래 소요됩니다.

　실패한 경험의 사람은 다시 실패할 시 드문 경우이긴 하지만
트라우마에 시달리게도 되므로 성공 가능한 작은 일부터 시작해

서 성공하는 습관을 들이는 것이 매우 중요합니다.

제 경우는 자연에서 놀면서 자연에서 성공의 지혜를 스스로 터득했습니다. 아무도 제 인생에 관심이 없는 듯한 육 남매 다섯째 딸로 태어나서 우울한 청소년 시기를 보내야 했던 제가 그나마 지금 이렇게 시리즈를 쓸 수 있을 만큼 배울 수 있게 되었던 것은 모두 자연에서 위로받고 자연에서 성취감을 맛보았기 때문입니다.

만일 제가 도시에서 태어나 자랐다면 아마도 탈선 청소년이 되어 험한 인생을 살아가고 있을 것이 분명합니다.

다행히 감사하고 운 좋게도 시골에서 태어나 아름다운 자연을 벗 삼아 스트레스를 해소하며 맘껏 뛰놀 수 있는 자연환경이 제공되었기에 아직도 더 채워야 하고 부족한 부분이 많지만 이유극강(以柔克剛)의 참뜻도 생활 속에서 쉽게 이해할 수 있는 사람이 될 수 있었다고 생각합니다.

초등학교 시절 늦가을이나 초겨울 바람이 쌩쌩 불었던 다음날 오후엔 마을 친구들과 바닷가에 나가 돈을 주웠던 추억도 바람을 활용했던 생활놀이의 지혜라는 생각이 듭니다.

피서객들이 파라솔이나 텐트를 쳤던 모래사장에는 태양에 오랜 시간 달아오른 붉은 동전이 모래가 바람에 날리면서 모습을 드러내니 쉽게 우리들 눈에 띄었던 것입니다. 그렇지 않으면 손으로 모래를 긁으며 동전을 찾아야 하는 번거로움이 따르므로 지

자연에서 배우다

혜롭게 바람의 힘을 이용했던 것입니다.

　시력이 1.5와 2.0이어서인지 저만 줍고 동생은 줍지 못해 의기소침해져 있으면 몇 걸음 앞서나가 주운 100원짜리 동전을 동생이 걸어오는 길목에 살며시 던져놓고 안색을 살피던 흐뭇한 추억도 넓은 모래사장과 드넓은 바다가 준 선물입니다.

　여중·고 시절 여섯 명의 조카가 태어났으니 어머니께서는 김장을 하다가도 서울에서 언니들이 출산했다는 소식을 전해오면 산더미처럼 쌓인 절인 배추를 내버려 두고 산바라지하러 가셔서 수 개월간 함흥차사였기에, 김장은 물론 새벽밥 해 먹고 학교 다녀와서 꺼진 연탄불을 피우고 심지어는 마른 고추대궁을 뽑아내고 텃밭을 삽으로 일구어 콩이나 옥수수를 심어야 하는 경우도 종종 있었습니다.

　그때만 해도 관광지의 길가에 있는 집이라 군청에서 환경미화에 신경을 쓰던 시대였기에 문풍지 바르기, 도배, 벽면 페인트칠하기, 제사 준비 등 집안의 대소사를 신경 쓰다 보면 하루가 짧을 정도로 힘들었기에, 여중·고 시절의 소원은 마음 놓고 교과서가 아닌 참고서로 공부 한번 실컷해 보는 것이었습니다.

　이렇게 힘든 여중·고 시절을 보내면서도 창피해서 친구들에게조차 말하지 않고 주말을 반납하며 두 개의 텃밭을 가꾸기도 했으나, 두 살 터울이지만 한 학년 아래인 동생은 친구들과 어울려 밖으로 돌며 풀 뽑는 것조차 관심이 없는 것도 충분히 이해되었기에 마냥 채근할 수만은 없었습니다.

너무 속상할 때 바닷가에 나가 여행 온 사람들의 행복한 모습을 보면서 장래를 다짐하면서 한참을 앉아 있으면 끓어오르는 마음이 차분히 가라앉아 다시 돌아와 집안일들을 하곤 했습니다.

그러니 공부는 겨우 숙제만 해갈 정도이고 학교에서 무시당하지 않을 정도로만 시험 기간 일주일 벼락치기 공부를 할 수밖에 없었던 것입니다.

그래도 스스로 느끼는 제 성취감은 매우 높았습니다.

솔밭에서 솔방울 한 자루 줍는 것이 목표이면 밤새 바람 분 날 새벽에는 세 자루를 주울 수 있었으니, 이때부터 부지런하고 자연을 잘 활용하면 목표 도달치가 높아진다는 것도 빨리 터득한 셈입니다.

서울에서 송금해 주신 생활비가 부족해도 솔방울을 주워 불을 지피면 연탄값을 절약할 수 있어 예정에 없던 수예 도구, 뜨개질 도구 등 가정 가사 시간의 준비물 비를 충당할 수 있었던 것입니다.

새벽에 일어나 고추밭을 매고 난 뒤 깨끗한 밭을 돌아보는 성취감도, 풀 한 포기 없는 콩밭과 풀을 뽑은 깨끗한 마당을 보시고 칭찬해 주시는 큰댁 큰어머니의 환한 얼굴도 뿌듯함을 느낄 좋은 기회 제공이 되었습니다.

자연에서 배우다

자존심이 강하고 어머니께 손 내밀기 싫어 5km 하굣길을 걸어 다니며 차비를 절약해 매주 학교에서 걷는 저축을 했으며, 덕분에 길가에 계절별로 피는 들꽃들을 알게 되었고 코스모스 한들거리는 철둑길을 따라 함께 걸으며 단어장을 외웠던 강릉으로 유학 간 친구랑 대학생이 되어 타지에서 우연히 만나는 감격스러운 성취감도 맛볼 수 있었습니다.

　크게 노력하지 않아도 깨끗한 비닐을 바닥에 깔아두면 자연적으로 익어 나무에서 떨어지는 달콤한 홍시를 쉽게 맛볼 수 있었고, 찐득찐득한 송진과 싸우며 잣송이에서 잣 알을 꺼내고 따가운 밤송이를 두 발로 밟고 벌려 밤알을 꺼내면서 조심성을 배우고, 집 앞 100m 이내에서 새벽이슬 맞은 알밤을 주우며 풀잎을 젖혀 살피던 소중한 경험의 순간순간들이 모여 자연의 좋은 기운을 몸속으로 축적할 수 있었던 어린 시절과 청소년기의 시골생활들은 삶의 소중한 마음의 근육과 풍부한 정신적 영양제가 되어주었습니다.

　이렇게 자연 속에서 자연적으로 제공되는 자연산물 덕분에 자존심을 크게 다치지 않고 건강을 지킬 수 있었고 작은 성취감을 순간순간 맛볼 수 있어 자신감과 긍정의 힘이 되었으며, 조금 더 큰 성취감을 맛보기 위해 지금도 노력 중입니다.
　이렇게 구구절절 늘어놓는 이유는 누구나 성취감을 가장 쉽게 맛볼 수 있는 곳이 자연이라는 것을 말하고 싶어서입니다.

자연은 우리에게 말없이 위로와 많은 것들을 내어주고 가르쳐 줄 것입니다.

어서 자연으로 떠나 보시기 바랍니다.

자연에서 배우다

산과 물

감사하게도 저는 산 좋고 물 맑은 양양에서 태어나 무료로 설악산과 동해 바다를 맘껏 즐길 수 있었습니다.

그렇게 산과 물을 좋아하던 제가 대학원 세미나에 가서 래프팅을 하다 배가 뒤집혀 장마철 세찬 물결에 휩쓸려 떠내려갔던 뒤로는 물이 무서워 폭포 소리는 물론 물가에 가는 것조차 두려워했던 적이 있습니다.

그 후 바닷가에서는 불안한 증세가 없었는데 아직도 가슴이 두근두근거리는 증세가 있는지 여부를 알기 위해 인제 내린천이나 동강 근처에 다시 가봐야겠습니다.

논어의 옹야 편에 산을 좋아하는 사람은 어진 덕을 지닌 '인자'라 하고 물을 좋아하는 사람은 지혜를 지닌 '혜자'라고 했습니다.

그런데 정말 놀랍게도 제가 물을 무서워하기 시작한 뒤로는 지혜도 멀리 달아나고 어리석은 삶을 살고 있다는 것을 어느 날 문득 깨닫게 되었습니다.

그래서 바쁜 시간을 쪼개 가까운 올림픽공원 뒷동산이나 앞동산을 찾아서 틈틈이 오전 산책을 했고, 이사 온 뒤로는 남한산성이라도 자주 찾으려고 하나 습관들이기가 쉽지 않았습니다.

아픈 만큼 성숙해진다더니 다시 건강을 되찾고 예전보다는 성숙한 저를 발견하게 됩니다.

한동안 산을 찾았으니 이제 다시 물도 찾아야겠다는 생각을 하고 있습니다. 이 험난한 세상을 한참 더 가려면 지혜로운 사람이 되어야 할 것 같습니다.

코로나19 거리두기 4단계로 집안에 거의 갇혀서 살다 보니 하늘과 하나 된 푸른 고향 바다와 하늘과 산을 담은 아름다운 의암호수가 많이 그립습니다.

이젠 친구가 보내준 **사진이 아니라 호숫가에서 바닷가에서 크게 심호흡하며 기지개를 켜고 싶습니다.**

자연에서 배우다

아레카야자
나무

　작년부터 한 식구가 된 아레카야자 나뭇잎이 돋을 때의 새싹은 기다란 꼬챙이처럼 가늘고 딱딱한 것이 볼품없지만 잎이 점점 굵어지고 넓어지면서 갖가지 모양을 만들어 내는데 그림처럼 섬세하고 때론 기하학적 모양을 만들어 감탄을 자아내게 합니다.

　이렇게 일정한 간격으로 자로 잰 듯 똑같은 무늬가 줄지어 결을 이루며 구성된 초록 잎이 바람에 흔들려 가닥가닥 하나하나 떨어져 나가는 모습 또한 바람을 활용한 식물의 스스로 살아가는 지혜를 엿볼 수 있는 좋은 모습입니다.

　아레카야자 잎이 조금씩 펼쳐지는 순간부터 가지런히 놓여진 사선의 배열에 감탄하기 시작해서 삼각형 역삼각형 마름모 무늬가 구체적이고 입체적으로 만들어지는 순간순간의 신기함과 함께 처음엔 잎줄기 하나에서 시작해 점점 펼쳐졌다가 각각의 잎들은 모두 제 갈 길을 갈 것처럼 갈라졌다가 다시 잎끝들은 하나로 연결된 모습으로 며칠을 지냅니다.

이렇게 잎들이 완전히 갈라질 준비를 하는 동안 가늘고 가는 선으로 연결되어 각각 제 갈 길 정해진 방향대로 바람 따라 한 가닥 두 가닥 벌어지긴 하나, 실내에서 바람이 불지 않으니 손바닥 넓이만큼 펼쳐진 아레카야자 잎끝의 실처럼 가는 선으로 연결된 부위가 며칠이 지나도 끊어지지 않고 있습니다.
기다리다 못해 아레카야자 나무는 통풍이 잘되는 곳에서 키워야 한다는 화원 아주머니 말씀이 생각나 줄기를 가끔 흔들어 주면서 제가 바람이 되어주었습니다.

가닥가닥 잎들이 다시는 하나로 만나지 못할 것 같은 방향이지만 올곧은 중심은 그대로니 바람에 흔들려도 잎의 중심축이 끄떡없이 지탱해 줄 수 있으므로 맘껏 바람을 타고 놀다가도 가지런한 본연의 제 모습대로 되돌아옵니다.
성인 남자 몸통보다 넓은 특대형 아레카야자 한줄기 잎은 길이도 제 다리만큼 길기 때문에 한 잎만 꽃병에 꽂아 두어도 그 존재감이 상당히 큰 공기정화 식물입니다.

이렇게 존재감이 큰 커다란 아레카야자 나뭇잎을 흔들며 생각에 잠깁니다.

아무리 사회의 모진 풍파가 휘몰아쳐도 아레카야자 나뭇잎처럼 열심히 바람 타고 놀다가, 바람에 흔들리며 세상을 바라보는 시야도 다양한 각도에서 즐기다가, 가끔은 자신의 중심축이 어디인지를 인지한다면 혹시나 마음이 흔들렸다가도 곧 다시 마음의 안식을 찾기에 충분하지 않을까 하는 그런 생각을 말입니다.

자연은
천재
디자이너

　자연의 자생적으로 만들어진 나무껍질 무늬나 나이테는 또 얼마나 멋진지 모릅니다. 올리브 나무나 캄포나무의 멋진 나이테무늬를 살려 만든 도마는 주부들에게 어찌나 많은 사랑을 받고 있는지 놀랄 정도입니다.

　자생적으로 자연이 디자인해 만들어진 멋진 나이테 무늬 도마는 주방에서 매일 보는 고가의 명화를 보는 듯 행복할 것 같아, 비우면서 살고 있는 저도 유일하게 갖고 싶은 것이 있다면 깊은 나무 향기가 나는 두껍고 큼직한 도마랍니다.

　신사임당께서 자연을 주제로 그림을 그리면서 자연을 닮은 인품을 기르셨고, 자연의 깊이를 닮은 학문적으로 깊은 울림을 주

자연에서 배우다

는 율곡 선생을 슬하에 두셨기에 시대를 초월하는 존경과 사랑을 받을 수 있었다는 생각이 듭니다.

같은 맥락에서 생각해 볼 때 뱀 피나 악어가죽, 생선껍질의 다양한 무늬를 자세히 들여다보면 자연이 천재 디자이너라는 것을 금방 알 수 있을 것입니다.

그러니 누군가가 자연을 모티브로 디자인을 한다면 유행을 떠나 꾸준히 사랑받는 최장수 천재 디자이너가 될 수 있을 것입니다.

자연 속 가지각색 나뭇잎들의 색깔이나 모양들과 아름다운 수많은 꽃 색감을 생기까지 넣어 그대로 표현할 수만 있다면, 그런 사람이 있다면 천재 화가나 디자이너일 것이 분명합니다.

이렇게 자연이 그려놓은 멋진 디자인들을 감상하면서, 저는 감히 자연을 닮은 마음으로, 자연을 닮은 청소년들의 마음을 멋지게 디자인하는 사람이 되고 싶다는 생각을 해봤습니다.

다육이처럼 동글동글 원만한 마음으로, 아레카야자 나뭇잎처럼 곧고 유연한 마음으로, 극락조 잎처럼 굳센 마음으로, 여인초 잎처럼 넓은 마음으로, 난초처럼 고고한 마음으로, 뱅갈고무나무 잎처럼 우아한 마음으로, 버들잎처럼 부드러운 마음으로, 버들강아지처럼 포근한 마음으로, 그리고 수많은 꽃처럼 아름답고 향기로운 마음으로 사람들의 마음을 최선을 다해 디자인해서, 우리나라 대한민국에 멋진 인품의 소유자인 청소년들로 가득 찬 좋은

열매를 맺을 수 있는 마중물 역할을 하고 싶은 소망을 자연스럽
게 세웁니다.

시점의
차이

　가을맞이로 환경의 변화를 주고 싶어 집 안 구석구석에 있던 식물들을 거실과 부엌 사이에 일렬로 세웠습니다.

　특대형 아레카야자 나무 두 그루와 뱅갈고무 나무 사이사이로 대형 칼라벤자민이나 금전수, 그리고 중소형 스파트필름 화분들을 키 큰 화분 밑에 배치해 늘어놓았더니 제법 그럴듯한 푸르른 간이 벽이 만들어졌습니다.

　조금 불편하긴 하지만 거실의 운치가 더해져 운동도 할 겸 빙 돌아서 걷도록 동선을 배치했습니다.

　집안 분위기도 좋아진 것 같고 부엌에서 많이 나는 미세먼지를 빨아들이니 공기정화에도 좋아진 것 같은데 단 한 가지 불편한 점이 있다면 아레카야자 나무의 새싹이 돋아 잎이 펼쳐질 무렵 창문을 열어놓으면 바람이 가지를 흔들어 뭉쳐진 기다란 잎들을 각각 떨어뜨려 주었었는데 실내 한가운데서는 오랜 시간이 흘러도 떨어질 기미가 전혀 없어 보입니다.

하는 수 없이 제가 바람의 역할을 할 수밖에 없었습니다.

아침식사를 하며 가끔 가지를 흔들어 잎들을 떼어준다는 말을 했더니 씨익 웃으면서 "엄마는 바람의 신이 되었군요."

"한 여인이 다가와서 제게 바람의 신이 되어주었습니다."
아레카야자 나무 시점이라며 능청을 떨었습니다.

이과 성향이 강한 아들 입에서 시 구절과 같은 반응이 나오리라고는 생각도 못 했었기에 더욱 흐뭇한 아침 식탁이었습니다.

"저는 앞으로도 그들에게 다가가서 바람의 신이 되어줄 것입니다."

이렇게 식물이나 자연을 가까이하면 누구나 저절로 시인이 될 수 있고 엉겁결에 바람의 신까지 만들어줄 수 있습니다.

이처럼 시점의 차이로 생각을 달리하고 사고의 폭을 넓힐 수 있는 계기가 많아지고 동기부여의 장소가 될 수 있는 곳이 바로 자연과 함께 하는 환경인 것 같습니다.

자연에서 배우다

자연의
경고

성경 구절을 인용해서 만든 '펜이 침묵하면 돌들이 일어나서 외칠 것이다.'라는 출처도 모르는 어디선가 들은 말이 생각나기에 저도 이번엔 '아픈 지구를 보호하고 살리자'고 호소하려 합니다.

이상 기후 변화로 인해 이젠 가을장마에 건강한 먹거리마저 위협받고 있는 심각한 현실을 외면할 수 없어 더 이상 미루지 말고 나부터, 우리부터 기후 변화의 빠른 대처에 동참하자는 경각심을 불러일으키고 싶은 것이 솔직한 심정입니다.

전 세계 곳곳에서 폭염과 폭설, 폭우 또는 강추위 등 이상기온 현상과 잦은 지진, 코로나19 포함 온갖 바이러스 감염 등 이 모든 현상들은 자연이 인간에게 주는 경고쯤으로 받아들이고 자성하면서 자연과 인간의 안녕을 위해 공생할 수 있는 방법을 모색하는 것이 지혜로운 판단임을 우리는 알아야 할 것입니다.

어릴 적 낙산해수욕장 기존 지구 바닷가에 앉아서 놀다 해일이 일어났다는 방송을 듣고 급히 집으로 돌아오던 길에 소나무 방풍림을 지나서 양어장 다리를 건널 무렵 파도가 밀려와 모래가 묻은 제 발뒤꿈치를 씻어 주던 날의 꿈같은 부드러운 기억을 이해할 수 없었는데 일본의 초대형 쓰나미를 보면서 그때도 산더미 같은 파도가 몰려온 심각한 상황이었음이 피부로 느껴져 아찔했습니다.

이렇듯 자연의 따끔한 맛을 본 저는 잔잔한 바다를 바라보면서도 바다의 성난 두 얼굴을 알고 있기에 그 보이지 않는 바다의 내면을 알아가려고 노력하면서 살아오고 있답니다.

삶에 물의 철학을 접목시켜 보려는 노력과 의지가 있어서 인지는 잘 모르겠으나 유난히 가을비가 많이 온다든가 국지성 폭우, 연어의 귀환율이 저조하고 잦은 비로 송이가 많이 날 것 같은 예상을 깨고 송이가 나지 않는다는 등등 소소한 것들에게서 자연의 범상치 않은 전조 증상들로 저는 느껴지고 있습니다.

녹조류가 수중 생물에게 타격을 주고 핵폐기물이 바다 생물과 인간의 식탁을 위협하고, 바다에 플라스틱 쓰레기 섬이 떠 있고 미세플라스틱이 우리들이 모르는 사이에 너무나 우리들 삶 깊숙이 침투해 위협하고 있는 심각한 상태입니다.

육지나 바다 수면 오염뿐만 아니라 필리핀 앞바다 심해 바다과 해저에 플라스틱이 둥둥 떠다니는 뉴스는 더 이상 할 말을 잃게 만드는 등 듣기만 해도 머리가 아플 지경인데, 이런 온갖 문제점들을 떠안고 있는 자연이야말로 고열이 날 정도로 얼마나 힘들 것인지 충분히 상상 가능합니다.

멸종위기의 각종 동식물의 신음 소리가 들리는 듯합니다.

고산지대 침엽수가 고사하고, 웅덩이의 작은 물고기들과 일본에서 내린 올챙이 비 등 자연의 기이한 현상들, 심지어 2021년 7월 6일 미국의 조개를 익힌 살인 더위 뉴스에서 입을 벌린 조개들이 해변에 널려 있는 영상은 기후 변화의 재앙으로 표현하리만큼 매우 심각한 수준입니다.

경북 봉화에 씨앗 금고를 만들고 분단국가라 파괴 시 보존할 수 있는 내진시설을 한 저장고 터널까지 파서 멸종위기의 식물 씨앗을 보관하고 있다는 소식을 들으면서 기쁘고 든든했지만, 한편으론 기후 변화 결과가 얼마나 심각할지 미루어 짐작할 수 있는 증거이기도 합니다.

오늘만 해도 해가 났던 하늘에서 갑자기 우박이 쏟아졌다는 양양 친구의 우려 섞인 고향 날씨 변덕은 가을걷이가 한창일 농부들의 마음을 힘들게 할 것이므로 남의 일 같지 않아 심란합니다.

지구가 지금 몸살을 앓고 있는 것은 당연하다는 생각이 듭니다.
지구가 인간에게 폭우와 우박이라는 눈물로 호소하고 있는지
도 모를 일입니다.
산과 들을 불태우면서 고열이나 죽겠다고 아우성치고 있는지
도 모를 일입니다.
얼음덩어리 우박을 쏟아 내면서 제발 나 좀 봐달라고 애원하고
있는지도 모를 일입니다.

조개와 같은 자연산물에게 먼저 뜨거운 맛을 보여줌으로써 인
간들이 지구를 훼손하는 만행을 알아차리고 반성하며 회복시킬
기회를 주고 있는지도 모르겠습니다.
이러한 자연적 재앙이 조개뿐만 아니라 우리 인간들에게도 예
외일 수 없음을 알고 전 세계가 지구온난화 방지에 온 힘을 기울
여야만 합니다.

하와이, 터키, 호주 등 세계 곳곳에서 대형 산불이, 극심한 가
뭄, 이상기온 현상 등 병들어가는 자연이 고열로 신음하고 지형
성 집중 호우나 폭우, 우박, 폭설 등 지구가 눈물을 펑펑 흘리는
현상들을 더 이상 수수방관해서는 안 됩니다.
지구 몸살 원인 제공자는 우리 인간들이며, 인간들에게 지금은
자연의 뜨거운 맛보기로 경고장을 보내고 있지만 우리가 깨닫지

못하고 지구를 살리려는 노력을 게을리한다면 어떠한 더 큰 무서운 자연재해가 또 몰려올지 상상하기도 싫습니다.

　이러한 세계 곳곳에서 일어나는 자연의 여러 가지 신호들은 지구의 위기를 잘 극복하자는 자연의 경고로서 받아들여야 한다는 거듭된 주장과 함께 지구와 자연 및 사람을 힘들게 하는 썩지 않는 플라스틱 포함 여러 가지 환경 유해 물질들은 우리가 조금 불편한 생활을 하더라도 애초에 만들어 내지 말자는 주장입니다.
　자연환경에 이롭지 않은 것들은 사람의 건강에도 악영향을 미치게 된다는 것을 우리는 그동안 많이 봐왔습니다.

　다행히 우리나라가 주축이 되어 세계 각국의 정상토론 세션을 주관하고 대통령이 직접 나서서 진행되는 것을 지켜보면서 흐뭇한 희망이 보였습니다만 워낙 실천적인 내용이 중요한지라 이렇게 평범한 저 같은 사람들이 먼저 지구온난화 방지에 동참하는 것이 지구보호의 지름길이라 생각됩니다.

　각국 정상들의 탄소 중립에서 기후 중립 등 채택된 서울선언문은 반드시 지켜져야 할 것이며, KBS 다큐멘터리 〈구상나무의 경고〉와 같은 4부작 특집 방영처럼 위기의식을 갖고 지구온난화 방지에 세계가 동참할 수 있도록 적극 홍보하고, 생분해 플라스틱을 개발, 국가 간 플라스틱 이동 금지, 가능하다면 마을 옆 또는 마을 안으로 흐르던 도랑이나 실개천을 되살리는 방법을 모색하는 것도 지구 온난화 방지를 위한 적극적인 노력의 좋은 사례가 될 것입니다.

이젠 옛날의 그 태양광선이 아닙니다. 오존층이 파괴된 태양광선으로 인한 피부암이 발생하고 자외선에 손상된 안구 충혈 등을 미연에 방지하기 위해선 체육 교사들에게 운동장 수업에서 시대에 맞는 복지 차원에서 자외선 차단 선글라스 제공을 허용해야 한다는 주장입니다.

미래교육은 자연의 장점을 잘 활용하고 자연의 단점을 보완하는 자연 중심적인 교육이 되어야 할 것입니다.

우리는 어린 아기가 열이 나면 해열제를 먹이느라 안간힘을 씁니다. 코로나19 바이러스 감염 여부도 먼저 체온부터 체크하면서, 왜 지구가 뜨거워지고 열이 나는데 에어컨이나 전열기구 보일러 등을 끄지 않는 겁니까?

하루빨리 자연이 인간에게 보내는 갖가지 구조요청 신호들을 받아들여 자연을 복원하고, 자연을 보호하고, 자연을 살리는 일에 누구나 할 것 없이 우리 모두 앞장서야 할 것이며, 어쩔 수 없이 자연훼손이 불가피할 경우는 그에 상응하는 비용을 세금으로 부과해 지구를 살리는 일에 쓰여질 수 있도록 제도 보완도 필요할 것입니다.

자연과 함께 누릴 수 있는 지혜로운 삶을 선택하는 것이 인간

자연에서 배우다

의 '삶의 질 향상(Quality of Life)'을 위한 최선임을 깨닫고, '사회적 안녕감'을 느낄 수 있도록 참살이 즉, 웰빙(well-being)을 향해 **세계가 함께 실천할 수 있는 지구보호 방법을 하루바삐 모색해야 합니다.**

자연을
닮은 삶

자연 속에서는 정신세계가 자유로워지고 마냥 즐겁고 무엇이
든 이해할 수 있으며, 꽃을 보면 마냥 부드러운 사람이 되고 봄날
에 높새바람을 거슬러 걷다 보면 바람과 맞선 강인함이 느껴지
고, 바다에 가면 마음이 태평양처럼 넓어집니다.

그래서 틈만 나면 자연을 찾아갑니다.

자연과 만나는 순간만큼은 모든 근심 걱정이 사라지고 아름다
운 생각, 예쁜 생각, 멋진 생각, 좋은 생각들만 하게 됩니다.

자연을 만나면 답답했던 마음이 뻥 뚫리고 궁했던 마음도 풍요
로워집니다. 의기소침해졌다가도 용기가 솟습니다.

자연을 만나고 돌아오면 막막하던 문제의 답도 구할 수 있고

자연에서 배우다

부정적인 사고도 긍정적으로 변합니다.

이렇게 좋아하는 자연과 늘 가까이하고 싶었지만 현실은 허락하지 않았고 자연에 대한 갈증은 점점 심해지는 짝사랑을 해왔습니다.

안 되겠다 싶어 잠시 삶의 쉼표를 찍으면서 자연의 품에 실컷 안기리라는 기대가 컸었는데 이번에는 코로나19라는 끈질긴 놈이 가로막아 여전히 짝사랑만 하고 있습니다.

언제나 마음 놓고 자연의 품에 맘껏 안겨볼 수 있을까, 기약 없는 기다림이 안타깝기만 합니다.

자연과 자주 만나지 못하니 상사병이 날 지경입니다.

자연에게 궁금한 것이 많아 묻고 싶은 것도 많았습니다. 사랑하는 자연에 대해 알고 싶은 것도 많고 배울 것도 많아서 늘 갈증이 났습니다.

제자는 배울 자세가 되어 있는데 스승인 자연을 자주 뵐 수 없으니 배움에 대한 갈증도 컸습니다.

마지막 꼭지를 쓰고 있는 이 순간에도 배움에 대한 갈증이 모두 해소된 것은 아니지만 앞으로도 자연에게 배우면서 자연을 닮고 싶은 마음 간절하니 '간절하면 이루어진다.'는 말을 믿으려 합니다.

이렇듯 자연은 그동안 제게 있어서 스승이자 귀한 벗이었습니다.

늘 자연을 닮고 싶었지만 결코 쉽지 않았고 아직도 갈구하고 있지만 자연을 닮은 척 흉내나 낼뿐, 제 좁은 소견으로는 자연을 닮는다는 것이 어림없다는 것도 알았으며, 그저 자연을 사랑할 수 있는 것만으로도 감사하단 생각과 함께 지속적인 짝사랑을 하다 보면 얻어걸리는 배움이 더 있으리라 생각합니다.

말없이 티 없이 살라 하시던 말씀을 잠시 잊고 한꺼번에 말을 많이 쏟아냈으니 말에 대한 책임감과 함께 다시 어깨가 무거워짐을 느낍니다.

항상 짝사랑 속에 갈증을 느끼면서 자연에서 배운 소중한 속내를 조심스럽게 꺼내봅니다.

'가장 사람답게 사는 삶은 산과 바다처럼 자연을 닮은 어질고 지혜로운 삶'이라는 생각이 듭니다.

자연에서 배우다

나오는 글

이 글을 쓰는 내내 매일 산으로 바다로 숲으로 들어갔다 나오는 느낌이었습니다. 자연을 하나하나 이해하고 알아가는 과정은 귀한 스승님과 귀한 벗을 만나는 기쁨과 같았습니다. 덕분에 매일 자연 속에서 자연과 함께한 것처럼 몸과 마음의 근육이 탄탄해진 듯합니다.

어쩌다 자연과 내가 하나가 될 때 가장 행복했습니다. 여러분께서도 자연과 내가 하나가 되는 순간을 한 번쯤 꼭 경험해 보셨으면 좋겠습니다. 자연 속에서 행복은 멀리 있는 것이 아니라 순간순간에 느끼는 마음일 뿐이며, 알아차림 하는 과정이라는 생각을 하게 됩니다.

인간의 삶의 궁극적인 화두는 '행복한 삶'이라고도 할 수 있기에 건강한 자연의 품에서 건강한 삶을 유지하는 것이 건강한 사고를 유발하게 됩니다. 결국 잠시 잠깐씩 순간적으로 행복하다는 건강한 생각이 들었습니다.

　선각자들이나 저보다 학식이 풍부하고 인품까지 겸비한 많은 분들께서 자연을 노래하고 자연에 대한 좋은 글들을 많이 남기셨기에 될 수 있는 한 쉽고 짧게 쓰려 했습니다. 이렇게 저는 자연에서 행복을 찾는 방법을 배웠습니다.

　좋아하는 자연을 곁에 두고도 쉽게 다가설 수 없는 사회적 거리두기 4단계 기간에 탈고를 하면서 직접 여행을 하면서 쓰려던 처음 의도와는 많이 다른 방향으로 흘러갔습니다. 그렇지만 평생 자연의 품속에서 느꼈던 다양한 경험들과 함께 자연을 찾아 운전할 시간에 자연에 대한 사색의 시간을 더 갖게 된 것도 오히려 긍정적으로 작용한 것 같습니다.

　코로나19 변이 바이러스에 감염된 두 모자가 병원에 격리된 채 영면함으로써 화장되어 묻혔다는 날벼락 같은 고향 소식을 어느 날 갑자기 듣게 되었습니다. 충격과 준비되지 않은 이별에 고통받게 될 남은 사람들의 아픔을 위로해 줄 말이 생각나지 않기에《자연에서 배우다》가 세상에 나오게 되면 힘겹고 복잡한 인간사를 잠시나마 잊고 자연으로 관심을 돌릴 수 있으려나 하는 생각도 잠시 하게 됩니다.

산, 강, 바다, 호수 등 자연이 생명력을 가지고 스스로 생성 발전하듯이 우리 사람들도 자연을 닮으려고 노력한다면 심신의 자정작용을 통해 불안이나 마음의 병은 소멸되고 지혜나 행복이 스스로 생성하고 발전할 수 있겠다는 희망을 저는 자연에서 찾아 느낄 수 있었습니다.

무엇보다도 자연을 닮은 사람다운 일을 해보고 싶다는 열정과 소망도 생겼고 삶의 존재 이유도 찾았으니, 지금 저는 자연에서 배운 보따리를 들고 다시 세상 속으로 힘껏 달리기 위해 풀었던 운동화 끈을 단단히 묶고 있는 중입니다.

모두들 힘든 시기임에도 불구하고 저만 혼자 자연과 더불어 행복한 마음으로 건강한 글을 쓸 수 있었음에 감사하면서 한편으론 죄송한 마음도 큽니다.

아무쪼록 여러분 가까이 있는 자연과 함께 이 글을 통해서 저보다 더 굵고 단단한 심신의 근육을 만들어 가신다면 메타인지 향상은 물론 삶의 질 향상을 기대하며 웃을 수 있을 것 같습니다.

다행하게도 원고를 출판사에 넘기기 직전 만추의 정원이 더욱더 정열적인 붉은빛으로 곱게 새 단장함과 동시에 단계적 일상회복을 발표해 마음이 조금 가벼워졌습니다. 이번에는 자유에 따른 좀 더 강한 책임이 동반되어야 함을 우리는 잘 알고 있을 것입니다.

또한 코로나와 함께 포스트 코로나 시대의 앞으로 밀려올 크고 작은 파도들을 뛰어넘어야 할 것임은 명백한 사실이 되었으며 우리들은 좀 더 지혜로워져야 한다는 후기를 남깁니다.

저자의 자연에 대한 가벼운 배움을 귀한 시간으로 함께 공감해 주신 여러분께 무한 감사드립니다.

2021년 11월 11일
오늘도 자연을 흠모하는
저자 최미애 올림

자연
에서

배우
다

초판 1쇄 발행 2022. 1. 15.

지은이 최미애
펴낸이 김병호
편집진행 임윤영 | **디자인** 최유리

펴낸곳 주식회사 바른북스
등록 2019년 4월 3일 제2019-000040호
주소 서울시 성동구 연무장5길 9-16, 301호 (성수동2가, 블루스톤타워)
대표전화 070-7857-9719 **경영지원** 02-3409-9719 **팩스** 070-7610-9820
이메일 barunbooks21@naver.com **원고투고** barunbooks21@naver.com
홈페이지 www.barunbooks.com **공식 블로그** blog.naver.com/barunbooks7
공식 포스트 post.naver.com/barunbooks7 **페이스북** facebook.com/barunbooks7

· 책값은 뒤표지에 있습니다.   **ISBN** 979-11-6545-601-6 03190

바른북스는 여러분의 다양한 아이디어와 원고 투고를 설레는 마음으로 기다리고 있습니다.